Gustav L. Mayr

Die mitteleuropäischen Eichengallen in Wort und Bild

Gustav L. Mayr

Die mitteleuropäischen Eichengallen in Wort und Bild

ISBN/EAN: 9783742893697

Hergestellt in Europa, USA, Kanada, Australien, Japan

Cover: Foto ©ninafisch / pixelio.de

Manufactured and distributed by brebook publishing software (www.brebook.com)

Gustav L. Mayr

Die mitteleuropäischen Eichengallen in Wort und Bild

Die mitteleuropäischen

EICHENGALLEN

in Wort und Bild

von

Dr. **Gustav L. Mayr.**

Die an den Naturforscher oft gestellte Frage, welche Abtheilung von Thieren oder Pflanzen dem Naturfreunde zum Studium anzurathen sei, wird gemeiniglich damit beantwortet, dass eine Gruppe vorgeschlagen wird, deren Arten in grösserer Anzahl zu beschaffen und deren Literatur leicht verständlich ist. Der glückliche Anfänger läuft nun mehrere Monate hindurch Berg und Thal ab, bis er einige hundert Käfer, Schneckenschalen oder Pflanzen beisammen hat, versucht die Bestimmung des gesammelten Materiales, stösst aber auf mannigfache Schwierigkeiten, die er nicht geahnt hatte, und zieht es oft vor, in einer ihm zugänglichen Sammlung die Namen der Objekte durch Vergleichung zu erhalten. Ist nun das Meiste richtig und auch unrichtig bestimmt und in systematische Reihe gestellt, so liefern fernere Exkursionen meistens wieder dasselbe Materiale und nur hie und da wird eine der Sammlung neue Art gewonnen; es erlahmt dann in den meisten Fällen das Interesse an den Schachteln mit den aufgesteckten Insekten oder an den Heupacketen, sie bleiben unberührt, bis sie nach 1—2 Jahren durch Staub und Insektenfrass zerstört sind. Dies ist der gewöhnliche Anfang und auch das Ende der Lust für die Naturforschung. Besser ergeht es meistentheils den Schmetterlingssammlungen, denn der Anfänger hat nicht nur die Thiere zu suchen und zu präpariren, sondern auch ein besonderes Augenmerk auf die Larven zu richten, die er mit den betreffenden Pflanzen zu füttern hat (er muss also auch auf diese letzteren einigermassen seine Kenntniss ausdehnen), den Larven hat er durch einige Zeit alle Sorgfalt zu widmen, wodurch er auf die Eigenthümlichkeiten im Leben der Arten aufmerksam gemacht wird, und so finden wir, dass es viele Schmetterlingsfreunde gibt, nicht blos, weil sich die Falter durch Schönheit auszeichnen, sondern insbesondere, weil der Anfänger mehr mit den lebenden Thieren beschäftigt ist. Jedermann interessirt sich doch für einen lebenden Vogel im Käfige mehr als für seinen todten Balg. Der wissensdurstige Naturfreund wird nur dann nicht erlahmen, sich mit der Natur zu beschäftigen, wenn er den wahren Reiz der

Naturwissenschaften, das Eindringen in die so wunderbar mannigfachen Verhältnisse in der Natur kennen lernt.

Es ergibt sich daraus, dass dem Anfänger am zweckmässigsten solche Gruppen zum Studium vorzuschlagen seien, welche eine längere Beschäftigung mit den lebenden Thieren, z. B. eine Zucht, erfordern. So ist das Studium der Gallen mit ihren Bewohnern ein solches, welches so viel Anziehendes und Interessantes bietet, bei welchem sich unzählige Fragen aufwerfen, von denen viele durch sorgfältige Zucht und hinreichende Geduld nach und nach beantwortet werden können, dass ich mich entschlossen habe, Denjenigen, welche sich für diese wunderbaren Bildungen interessieren, den Anfang dieses Studiums dadurch zu erleichtern, dass ich das, was zum Beginne am nöthigsten ist, aber bis jetzt sehr schwierig war, nämlich die genaue Kenntniss der Gallenarten, durch nachfolgende Arbeit erleichtere, indem ich in derselben die in Mitteleuropa vorkommenden Gallen der Eichen, welche letzteren sich durch den grössten Gallenreichthum auszeichnen, in Wort und Bild darstelle. Wenn es mir gelungen ist, dass diese kleine Arbeit, welche manche Schwierigkeiten dargeboten hatte, auch dem Fachmanne als Vademecum bei den wissenschaftlichen Exkursionen von einigem Nutzen sein werde, so verdanke ich diefs der freundlichen und zuvorkommenden Unterstützung der Herren Dr. Giraud, v. Haimhoffen, v. Heyden, Dr. Reinhard, Rogenhofer, Schenck, v. Siebold und Tschek.

Der enge Rahmen, in den diese Abhandlung eingefügt werden musste, gestattet mir nicht, die so höchst interessanten Verhältnisse der Gallenerzeuger, der Einmietler und Schmarotzer zu berühren oder dieselben einer genaueren Bearbeitung zu unterwerfen. — Die Abhandlungen von Hartig, Ratzeburg, v. Frauenfeld, Dr. Giraud und Schenck enthalten in dieser Beziehung sehr wertvolle Beiträge, welche schon ein gutes Bild von dem Leben dieser Thiere entwerfen. [1]

Fast sämmtliche Eichengallen sind von Gallwespen erzeugt, denn nur zwei Blattgallen verdanken Dipteren ihren Ursprung.

Die auf der Zerreiche vorkommenden Gallenarten finden

---

[1] In kurzer Zeit hoffe ich, über ein *Noli me tangere* der Hymenopterologen, nämlich über die Einmietler der Eichengallen (*Synergus, Sapholytus* und *Ceroptres*) eine Bearbeitung publiciren zu können.

sich auf keiner anderen Eiche, wärend es viele Gallenarten gibt, welche sich auf den drei anderen Eichenarten vorfinden, obschon sich auch solche finden, die nur auf e i n e r Eichenart, besonders auf *Q. pubescens*, vorkommen.

Die Gruppierung der verschiedenen Eichengallen zur Erzielung einer leichteren Bestimmung bietet manche Schwierigkeiten, doch erscheint mir die Eintheilung in Wurzel-, Rinden-, Knospen-, Blatt-, Staubblüten- und Fruchtgallen als diejenige, welche am meisten dem obigen Zwecke entspricht, obschon mitunter Abweichungen von der Regel gefunden werden, wie z. B. die Rindengalle von *Andricus noduli*, welche sich öfters im Blattpolster findet, oder die Knospengalle von *Synophrus politus*, die ich einmal in der Mitte des Blattes gefunden habe, oder die Galle von *Spathegaster baccarum*, welche sich wol meistens an den Blättern, aber auch an den Blütenkätzchen vorfindet.

Zu den W u r z e l g a l l e n stelle ich nur solche Eichengallen, welche auf der Wurzel selbst vorkommen, während ich jene, die von den Autoren als auf dem sogenannten Wurzelstocke etc. sitzend beschrieben werden, dorthin verweise, wohin sie gehören.

Zu den R i n d e n g a l l e n zähle ich die aus der Rinde des Stammes, der Aeste oder der sowol ober- als unterirdischen Zweige hervorbrechenden Gallen, welche k e i n e K n o s p e als Ursprung haben.

Die K n o s p e n g a l l e n zeichnen sich dadurch aus, dass sie immer einer Knospe entsprungen sind. In jenen Fällen, wo die Knospengalle sich nicht aus den Terminal- oder Axillarknospen der jungen Triebe entwickelt, könnte sie manchmal leicht für eine Rindengalle gehalten werden, doch ist man bei genauerer Untersuchung im Stande, am Grunde der Galle die Knospenschuppen zu finden und wäre dies nicht der Fall, so gibt das in die Galle eintretende Gefässbündel die nöthige Sicherheit zur Erkennung der Knospengalle. Es erschien mir zweckmässig, die grosse Anzal der Knospengallen noch weiter abzutheilen, je nach der Entwicklung derselben: *a)* an einem zwei- bis mehrjährigen Zweige, Aste oder am Stamme, oder *b)* an einem heurigen Triebe. (Eine Gruppirung der Knospengallen in solche, welche nach der Entwicklung abfallen, und in solche, welche sitzen bleiben, schien mir nicht zweckmässig.)

Die B l a t t g a l l e n finden sich sowol an dem Blattstiele als auch an der Blattscheibe, besonders au der unteren Seite derselben.

Die **Staubblütengallen** sitzen auf den Blütenkätzchen.

Die **Fruchtgallen** entwickeln sich an dem Fruchtbecher oder im Fruchtknoten. [1])

I. Wurzelgallen.

Die zwei hieher gehörigen Arten sind stets von Erde bedeckt, so dass man selten Gelegenheit hat, sie zu beobachten; sie scheinen nur auf der Steineiche vorzukommen.

1. Aphilothrix radicis, Fabr. [2])

Die Galle dieser Art findet sich an den Wurzeln nahe dem Stamme alter Eichen, meist nur von wenig Erde bedeckt. Sie ist kugelig oder knollig, Kartoffeln nicht unähnlich, wechselt sehr bedeutend in der Grösse, da ich sie nuss- und auch faustgross gesehen habe; sie ist mit dunkelbrauner meist rauher Rinde bedeckt, sehr hart, holzig und enthält eine oft sehr bedeutende Anzal grosser eiförmiger Larvenkammern. Die Gallwespe erscheint im April.

2. Biorhiza aptera, Fabr.

Die Galle findet sich an den raben- bis gänsekieldicken Wurzeln und wird vielleicht nur beim Ausroden alter Eichen gefunden. Sie sitzt selten einzeln in der Form und Grösse einer Erbse oder Kirsche, sondern meistens ist an einer Stelle am Umfange der Wurzel eine grössere Anzal hervorgebrochen, in welchem Falle sich die Gallen an den gegenseitigen Berührungsstellen abplatten (so wie bei den Gallen von *Cynips cerricola*) und mitsammen einen braunen Knollen bilden, an dem mehr oder weniger deutlich die Begrenzungen der einzelnen Gallen zu sehen sind. Im frischen Zustande soll sie saftig sein, trocken zeigt sie im Durchschnitte ein röthliches lockeres Merenchym dünnwandiger Zellen. Hartig gibt an, dass sie einkammerig sei, doch

---

[1]) Die Beschreibung und Abbildung der Blatt-, Staubblüten- und Fruchtgallen wird im nächsten Jahresprogramme der Oberrealschule erscheinen.

[2]) Die Nummern der Abbildungen stimmen mit den Nummern der Arten im Texte überein.

finde ich, dass die kleinen erbsengrossen Gallen 1—3 Kammern, die kirschengrossen 3—5, in seltenen Fällen sogar bis 9 Kammern enthalten. Diese Letzteren sind eiförmig, gross (die grösseren haben 6 Millimeter im Längs- und 4 Millimeter im Querdurchmesser) und sind von einer hellgelben, nicht harten, dünnwandigen Kapsel, die mit der Gallensubstanz überall dicht verwachsen ist, begrenzt.

Es ist mir nicht bekannt, zu welcher Zeit die Wespe ausfliegt, doch habe ich ein Stück im November des vorigen Jahres auf einem Eichenblatte sitzend gefunden.

II. Rindengallen.

Die drei zunächst beschriebenen Arten finden sich meist mehr oder weniger von Erde, Moos oder abgefallenen Blättern bedeckt an dem untersten Teile des Stammes oder an den aus der Erde hervorbrechenden Zweigen, die übrigen kommen nur an oberirdischen letztjährigen Trieben vor. Sie treten fast immer gesellschaftlich auf und sind in zwei Fällen äusserlich nur durch Erhöhungen der Rinde oder Verdickungen des Zweiges erkennbar.

3. Aphilothrix corticis, Linné.

Von dieser seltenen Galle liegen mir nur wenige miteinander verbundene Exemplare von Herrn v. Heyden vor. Sie ist becherförmig (verkehrt kegelförmig), 7—9 Millimeter hoch, hat oben an der Mündung $3\frac{1}{2}$—5 Millimeter im Durchmesser und ist mit der abgerundeten Spitze des Bechers in die Rinde überwallter Verletzungen alter Eichenstämme (wol *G. sessiliflora* oder *pedunculata*) über die Hälfte oder bis zum oberen Rande eingesenkt. Sie ist hart, braun, im Umfange rundlich oder mehr weniger zusammengedrückt; der Rand der Mündung ist schneidend und ziemlich kreisförmig; die Mündung ist innen etwa 1—1 $\frac{1}{2}$ Millimeter unter dem Rande durch eine dünne, harte, gelbe, halbkugelförmig gewölbte Schale geschlossen. Die Furche zwischen dieser und dem Becherrande ist mit einer Reihe grober, eingestochener Punkte versehen. Im Innern findet sich eine grosse Larvenkammer, aus welcher die Wespe durch die Mitte der halbkugeligen Schale hervorbricht.

4. **Aphilothrix rhizomae,** *Hart.*

An theils unterirdischen, theils etwas über die Erde hervorragenden Zweigen findet sich eine Hervortretung und Berstung der Rinde, in welche Furche die, von aussen gesehen, kegelighalbkugelförmigen oder manchmal fast eiförmigen, lehmgelben Gallen theilweise dicht gedrängt eingebettet sind. An der Basis des Kegels (oder der Halbkugel) zeigt sich eine Streifung oder Furchung, ebenso wie bei der zunächst beschriebenen Galle von A. Sieboldi, doch hört dieselbe bald auf, so dass die obere Hälfte der Galle keine Spur einer solchen Streifung zeigt. Die Spitze der Galle ist sehr stark abgerundet und wird von der Wespe durchbohrt. Die harte Galle enthält eine grosse Larvenkammer und zeigt von aussen eine Höhe von 2 — 3 Millimeter und an der Basis einen Durchmesser von 3·5 — 5·5 Millimeter. Diese seltene Galle, von welcher mir nur ein Aestchen mit einer Anzal derselben von Herrn Prof. Schenck in Nassau vorliegt, scheint nur auf *Quercus pedunculata* oder *sessiliflora* vorzukommen, da nur diese beiden Arten in Nassau leben.

5. **Aphilothrix Sieboldi,** *Hart.*

Die rothe oder rothbraune Galle findet sich unter oder nahe der Erde an ½—1½ Centimeter dicken Zweigen selten einzeln, meistens dicht gehäuft, so dass der Zweig selbst durch den starken Saftzufluss einen Durchmesser von 3 Centimeter erhalten kann. Die kegelförmige Galle ist 5—6 Millimeter hoch, an der Basis ebenso breit oder manchmal schmäler oder auch breiter, sie ist von der Basis zur Spitze dicht und grob gestreift oder gefurcht und ihre Oberfläche ist kahl. Einzelne oder nicht zu dicht gehäufte Gallen sitzen, von aussen betrachtet, auf einer kurzen Hervortreibung der Rinde, welche aber nur als ein Ring zu betrachten ist, da die Basis der Galle innen tiefer reicht als aussen an der Peripherie, so dass die grosse Larvenkammer oft zur Hälfte unter dem Umfange des Kegels liegt. Die Gallensubstanz besteht aus zwei ziemlich dünnen Schichten; die rothe äussere dürfte im frischen Zustande ohne Zweifel saftig sein, wärend die gelbe innere Schichte hart und in der Weise von der Peripherie des Kegels zur Spitze scharf gefurcht ist, dass die Furchen an der Peripherie tiefer sind als nahe der Spitze; die Streifung der äussern Schichte erfolgt jedenfalls dadurch, dass sich dieselbe beim langsamen Austrocknen an die Riefen und Furchen der Innenschichte genau anlegt. Sind die Gallen alt, so ist die Aussenschichte meist abgesprungen und man sieht nur die bräunlichgelbe Innenschichte, in welchem Falle die an der Peripherie des Kegels tieferen Furchen wie Punkte erscheinen. Das Flugloch der Wespe findet sich an der Seite über der Peripherie des Kegels.

Hr. Hofrath v. Siebold hatte die Güte, mir sämmtliche typische Stücke, welche aus Danzig und Freiburg von *Quercus sessiliflora* stammen, zur Untersuchung zu senden, wodurch sich herausstellte, dass Professor Schenck diese Galle für die von *Cynips corticalis Hart*. hält. Indem nun Hartig's Beschreibung von *C. corticalis* von der Art ist, dass man dieselbe von *A. Sieboldi* nicht unterscheiden kann, da ferner Hartig zu *C. corticalis* das Citat: Malpighi op. omn. tab. 17 fig. 60 fraglich dazustellt, die Abbildung aber die Galle von A. Sieboldi darstellt, so halte ich es für sehr wahrscheinlich, dass *C. corticalis* und *A. Sieboldi* synonym seien, und Hartig zur Beschreibung seiner *C. corticalis* schlecht erhaltene Exemplare zur Disposition gestanden seien. Ich halte es für gerechtfertigt, den jüngeren Namen zu behalten, weil die Galle genau beschrieben ist und typische Exemplare vorliegen.

6. Cynips cerricola, Gir.

Die Galle ist trotz ihrer Verschiedenheit in Grösse, Form, ihres einzelnen oder aggregirten Vorkommens doch leicht dadurch zu erkennen, dass sie als aus der Rinde hervorbrechende Knollen von Hanfkorn- bis Wallnussgrösse auf der Zerreiche vorkömmt. Bricht man sie von dem Zweige los, so sieht man, dass sie an dem Holztheile aufsitzt und, an einem sehr kurzen Stiele sitzend, die nächstumgebende Rinde emporgetrieben hat. Einzeln findet sie sich an den schwächsten jungen Trieben in der Form einer Kugel oder eines rundlichen Knollens, oder sie hat das Zweigchen so umgeben, dass sich ihre wulstigen Ränder an dem dem Ansatzpunkte entgegengesetzten Theile des Triebes berühren. An den starken Trieben findet sich eine grosse Menge dieser Gallen dicht gedrängt beisammen, so dass sie sich an den Berührungsstellen gegenseitig abplatten und den Stengel mit einem dicken knolligen Wulste umgeben, der manchmal eine Länge von 7 und eine Dicke von 3 Centimeter erreicht.

Bei solchen Gallen, welche unentwickelt geblieben sind, die

Grösse eines Hanfkorns oder einer Erbse haben und einzeln an einem kräftigen Triebe sitzen, sieht man sehr gut den Längsspalt der Rinde, aus welchem sie hervorgebrochen sind. Die Gallen erscheinen im Hochsommer, sind blassgrün und mehr oder weniger mit einer kurzfilzigen Behaarung bedeckt, im Spätherbste werden sie braungelb oder gelbbraun und besonders die grossen Exemplare verlieren die Behaarung, während die unentwickelten sie oft behalten.

Im Innern besteht die Galle aus einem meist lockeren Parenchym, ist in der Mitte meist hohl und enthält zunächst der Basis die eiförmige ziemlich grosse Innengalle, welche der Basis der Galle aufsitzt und mit dem übrigen Gewebe oft gar nicht oder nur lose zusammenhängt. Bei den kleineren Exemplaren, welche nur Einmietler oder Schmarotzer enthalten, entwickelt sich die Kammer nicht, und öfters sieht man (wie auch bei anderen Gallenarten) radienartig im Parenchym angeordnete ovale kleine Höhlungen, in welchen die Einmietler leben. Die Galle fällt nicht ab und oft findet man noch an 2—3jährigen Zweigen die alten theilweise zerstörten Gallen. Die Wespe entwickelt sich im Dezember desselben Jahres.

7. Dryocosmus cerriphilus, *Gir.*

Die seltene Galle findet sich ebenfalls an den jungen Trieben der Zerreiche, und zwar so, dass die kugeligen oder eiförmigen hanfkorngrossen Gallen an einer Stelle des Zweiges mehr oder weniger dicht gedrängt rings um denselben gestellt sind. Jede dieser Gallen ist mit einem kurzen Stiele in die Rinde des an dieser Stelle verdickten Triebes eingesenkt, öfters verlängert sich dieser Stiel mehr und geht dann so allmählich in die kuglige Galle über, dass diese fast keulig erscheint. Im Innern findet sich eine ziemlich grosse Larvenkammer.

Da ich die Galle bisher nicht frisch, sondern nur einen zweijährigen Zweig mit solchen, aber alten Gallen auf einer etwa 80jährigen Zerreiche gefunden, so verweise ich in Betreff der näheren Beschreibung auf *Dr. Giraud's Signalements etc.* (Verh. zool. bot. Ges. 1859 pag. 354).

8. Dryophanta macroptera, *Hart.*

Diese Wespe erzeugt an den jungen Trieben der Zerreiche Stengelanschwellungen, welche in Grösse und Form wechseln, je nachdem die kleinen, länglich-eiförmigen, dünnwandigen Gallen, welche wie ein Cocon eine Larve oder Puppe einschliessen, nur vereinzelt auftreten und in diesem Falle am Zweige kleine Beulen erzeugen, oder dicht gedrängt und unter der Rinde radiär gestellt, eine bedeutende Verdickung des Triebes hervorbringen. Die Wespe fliegt im Oktober desselben Jahres aus.

9. Andricus noduli, *Hart.*

Die kleine Galle ist, wie die vorige, von aussen nicht direct sichtbar, indem sie in der Rindenschichte von *Quercus pedunculata* und *pubescens* verborgen ist. Bei der Sommereiche zeigt sich an den jungen Trieben eine kleine rundliche oder eiförmige, schwach gewölbte Erhebung der Rinde, 1.5 bis 2 Millimeter im Durchmesser, unter welcher Beule die Galle verborgen liegt; bei der flaumigen Eiche hingegen ist diese Erhöhung noch geringer, wegen der Behaarung stets schwerer zu sehen und fehlt oft vollständig.

Es ist am besten, die Galle zur Flugzeit der Gallwespe, gegen Ende September, aufzusuchen, wenn schon einige Wespen ausgeflogen sind und die Löchelchen in der Rinde der Triebe zurückgelassen haben, denn solche Zweige bergen meistens noch viele geschlossene Gallen, aus denen in den nächsten Tagen die Wespen ausfliegen. Das kreisrunde Loch, welches die Wespe in die Rinde ausbeisst, misst kaum $\frac{1}{2}$ Millimeter im Durchmesser. Die nur 1.3 Millimeter lange eiförmige Galle liegt zwischen Rinde und Holz (mitunter im Holze selbst) in der Längsrichtung des Zweiges; sie ist weiss, von Holz und Rinde dicht umgeben, dünnschalig und enthält eine Larvenkammer. An den Trieben der Sommereiche sinkt nach dem Ausfliegen der Wespe die äusserlich sichtbare Beule ein, wird schwärzlich und hat in der Mitte das kleine Flugloch. Bei der flaumigen Eiche sind häufig keine Beulen sichtbar, und wenn auch eine Erhöhung vorhanden war, so bleibt sie gewöhnlich, nachdem die Wespe sich durchgebohrt hatte und ändert sich nicht in der Farbe.

Diese Galle findet sich auch mitunter an Blattpolstern und an Blattstielen.

Hieher mag wohl auch die mir nicht bekannte Galle von *C. turionum Hart.* gehören.

III. Knospengallen.

a) An zwei- oder mehrjährigen Zweigen und Aesten, oder am Stamme.

10. Cynips Hartigi, *Koll. (Hart).*

Die schön geformte Galle entwickelt sich aus Adventivknospen der Aeste und des Stammes von *Q. sessiliflora*, besonders an der Unterseite derselben und stellt sich als eine bis 3 Centimeter dicke dunkelbraune, blauweiss-bereifte Halb- oder Dreiviertelkugel dar, welche mit vielen kurz kegelförmigen, dicken Fortsätzen versehen und mit ihrer Basis an einem sehr kurzen Stiele knapp an dem Aste festsitzt.

Beim Loslösen der Galle vom Aste findet man auch stets noch die Knospenschuppen. Beim Durchschnitte zeigt sich als Centrum der Kugel eine erbsengrosse, harte, weisse, kugelige Innengalle, welche mit dem kurzen Stiele am Aste festsitzt, immer eine Larvenkammer hat und aussen mit vielen kleinen Erhabenheiten und seichten Furchen versehen ist. Von jedem dieser Höckerchen entspringt ein brauner (anfangs grüner) etwa 1 Millimeter dicker Stiel, welcher 3 — 4 Millimeter lang ist, und sich dann in eine blüthenknospenähnliche 4 — 7 Millimeter dicke, innen schwammige, ebenso gefärbte Keule verdickt, welche oben kegelig und spitz endet. Da nun diese kegeligen Theile die äussere Oberfläche der Galle bilden und jede Keule radial angeordnet ist, so wird eine mit kurzen Kegeln besetzte kugelige oder halbkugelige Galle gebildet. Die einzelnen Keulchen passen so dicht aneinander, dass man bei einer unversehrten Galle keine Stecknadel in das Innere der Galle zu bringen im Stande ist, ohne dieselbe zu verletzen. Die frische, grüne Galle, welche ich schon im Mai gefunden habe, lässt sich wohl leicht loslösen, aber die im Hochsommer trockene Galle ist sehr brüchig, so dass beim Loslösen oder Wegschneiden bei trockenem Wetter einige der Keulchen leicht losbrechen. Die Gallwespe ist im Dezember desselben Jahres bereits ganz entwickelt, fliegt aber erst im nächsten März aus.

11. Cynips truncicola, *Gir.*

Die kugelige Galle findet sich sehr selten am Stamme und an den Aesten von *Quercus pubescens* und entwickelt sich aus

Adventivknospen. Sie ist so gross wie eine Erbse oder etwas grösser, zeigt eine braunschwarze, tief zerrissene Oberfläche, zwischen deren Rissen öfters die Innengalle theilweise sichtbar ist. Dieser zerrissene Theil, welcher als Rindenschichte die Innengalle bedeckt, zeichnet sich durch die ziemliche Regelmässigkeit der Risse aus, indem dieselben an der Endhälfte der Galle lange gleichschenkelige Dreiecke bilden, welche mit ihrer Spitze in der Mitte der Endhälfte der Galle zusammentreffen. An der Basalhälfte ist die Rindenschicht in drei- bis viereckige oder auch rundliche Stücke zerborsten. Die weissliche Innengalle ist hart, dünn, hat eine rauhe oft höckerige Oberfläche und enthält innen eine grosse Larvenkammer.

Beschreibung und Abbildung sind nach typischen Exemplaren entworfen, welche Dr. Giraud mir zu senden die Güte hatte. Derselbe theilt mir brieflich mit, dass diese Galle wol auch eine verkümmerte Form von *C. Hartigi* sein könnte.

12. Cynips conifica, Hart.

Die seltene Galle findet sich an den mehrjährigen Aesten von *Quercus pedunculata* und *pubescens*; sie hat die Form eines mehr oder weniger regelmässigen am Ende stark abgerundeten Kegels von 10—12 Millimeter Höhe und eben solchem Durchmesser der Basis; diese letztere hat meist einige kurze, dicke Fortsätze, welche sich dicht an den Ast legen. Ihre Oberfläche ist braun, mit kurzen weissen Sternhaaren bedeckt, und von etwas erhöhten Längsriefern durchzogen, die mehr oder weniger netzartig sich verbinden. Im Innern besteht die trockene Galle aus einem hellbraunen, fein porösen Gewebe, welches die an der Gallenbasis liegende, grosse, weisslichgelbe, holzige Innengalle dicht umschliesst.

Ich erhielt bis jetzt erst ein Stück der Gallwespe, welches die Galle im Anfange des März verlassen hat.

13. Aphilothrix serotina, Gir.

Die zierliche Galle, welche im äussern Ansehen mit der von *A. lucida Hart.* Aehnlichkeit hat, kenne ich nur nach zwei Exemplaren, welche ich von Dr. Giraud erhalten habe. Sie findet sich an von Erde oder Moos bedeckten Zweigen, oder auch am untersten Theile des Stammes von *Quercus sessiliflora* und *pubescens*. Sie besteht, wie die beiden vorigen, aus einer weisslichen, aber papierdünnen, einen halben Centimeter langen eiförmigen Innengalle, welche die grosse Larvenkammer umgrenzt; aussen ist sie (im trockenen Zustande) von einer dünnen, gelbbraunen und glänzenden Rindenschichte bedeckt, von welcher eine grosse Anzahl ½ Centimeter langer radial abstehenden Fäden entspringt, die mit etwa einen Millimeter langen abstehenden Haaren bekleidet sind.

Dr. Giraud hat diese Gallen im Spätherbste gefunden und erst im September des nächsten Jahres daraus die Gallwespe erhalten.

14. Trigonaspis megaptera, Pz.

Die rothe, beerenartige Galle habe ich nur einmal vor vielen Jahren am untersten Theile des Stammes einer alten Eiche zwischen den Ritzen der Rinde in mehreren Exemplaren gefunden. Sie ist kugelig, erbsengross oder kleiner, roth gefärbt, sehr saftig und enthält eine Larvenkammer. Ihre Dauer ist eine sehr kurze, indem die Wespe schon im Juni die Galle verlässt, worauf diese zusammenschrumpft und eine braune Farbe annimmt.

b) An den jungen Trieben, aus Terminal- oder Axillarknospen entwickelt.

15. Cynips argentea, Hart.

Die grosse schöne Galle findet sich in den Blattachseln von *Quercus pubescens* (sehr selten von *Q. sessiliflora*) in der Wiener Gegend ziemlich selten, scheint aber in Südeuropa häufig vorzukommen. Sie ist kugelförmig und hat einen Durchmesser von 17—30 Millimeter. Um die dem Ansatzpunkte entgegengesetzte, kurz kegelige, stumpfe und genabelte Spitze zieht sich in einem beiläufigen Radius von 10—15 Millimeter eine mit stumpfen, kurzen Spitzen versehene Leiste oder Krone, welche meistens etwas kleiner ist als der grösste Umfang der Galle. Sie ist hart, gelbbraun, fein flach gekrönt und mit einem weissen Anfluge bedeckt, der aus einer zarten Ausschwitzung besteht. Im Durchschnitte zeigt sich bei der reifen Galle ein trockenes, braungelbes, schwammiges Parenchym, welches in der Mitte quer geborsten ist und die vom Zellgewebe nur lose gehaltene Innengalle, in welcher die Wespe eingeschlossen ist, trägt.

Die Galle ist im Spätherbste ausgebildet, bleibt am Zweige und wird im nächsten Februar von der Wespe durchbohrt.

16. Cynips hungarica, *Hart.*

Diese Art erzeugt eine kugelförmige, ziemlich harte, gelbbraune Galle, welche einen Durchmesser von 13—35 Millimeter hat. An der ganzen Oberfläche sind kleine, kegelige, meist kurze, mässig spitzige oder stumpfe Höcker vertheilt, welche mehr oder weniger durch stumpfe, oft undeutliche Kanten (Kiele) verbunden sind. An manchen Stücken sind die Höcker stark entwickelt, während sie an anderen sehr undeutlich vorkommen. Der Durchschnitt zeigt bei der reifen Galle ein braunes, schwammiges Parenchym, welches in der Mitte eine unregelmässige Höhlung hat, in welcher die dünnwandige Innengalle an einem stielförmigen Fortsatze des Zellgewebes aufsitzt.

Diese grösste in der Wiener Gegend und in Ungarn von mir beobachtete Einzelgalle findet sich an den Bäumen von *Quercus pedunculata*, fällt im Herbste ab, und wird im nächsten Frühjahre, wenn ich mich recht erinnere (da ich darüber keine Aufschreibung habe), von der Wespe durchbohrt.

17. Cynips tinctoria, *L.*

Diese Art liefert die im Handel vorkommenden levantinischen Galläpfel, doch unterscheiden sich die von der Türkei kommenden Gallen mehr oder weniger durch Farbe und Grösse von den in Mitteleuropa erzeugten. Die bei uns vorkommende Galle ist kleinen Exemplaren der vorher beschriebenen Art ziemlich ähnlich; sie hat einen Durchmesser von 10—15 Millimeter, ist rothbraun, kahl und mit rundlichen, warzigen und zerstreuten Erhabenheiten besetzt. Sie besteht aus einem dichten rothbraunen Gewebe, welches mit der hellgelben holzigen, ziemlich scharf abgegrenzten Innengalle verwachsen ist. Sie entsteht in den Blattachseln von mehr strauchartigen *Quercus sessiliflora* und *pubescens*, ist im Spätherbste mit dem Zweige nicht mehr fest verbunden, so dass ein grosser Theil im Winter vom Winde abgeschüttelt wird, obschon noch im Frühjahre manche an den Zweigen zu finden sind.

Die Wespe erscheint im nächsten Frühlinge.

18. Cynips Kollari, *Hart.*

Die Galle dieser Art hat mit der von *C. tinctoria* dasselbe Vorkommen auf den Eichen und ist auch in manchen Fällen von dieser schwer zu unterscheiden. Sie ist vollkommen kugelig, hat einen Durchmesser von 12—23 Millimeter, ist bräunlich gelb, selten bräunlich rothgelb, kahl, glatt, hat oft keine Erhabenheiten, öfters aber solche einzelne, kleine Warzen, wie sie bei der Galle von *C. tinctoria* vorkommen. Im Durchschnitte zeigt sie ein braungelbes Gewebe, welches aus dünnwandigen Merenchym- und Parenchym-Zellen besteht, so dass die Galle mit einem Messer ziemlich leicht durchschnitten werden kann. Eine eigentliche Innengalle, wie bei der Galle von *C. tinctoria*, findet sich wohl nicht, obschon die Gallensubstanz, welche die in der Mitte der Galle liegende ovale Larvenkammer umschliesst, härter ist und ein radial streifiges Aussehen hat. In den Fällen, wo sich in der Larvenkammer Einmietler entwickeln, findet sich wol oft eine stärkere, ziemlich harte Verdichtung der die Kammer umgebenden Gallensubstanz.

Die im Sommer grüne Galle erhält im September eine gelbe Farbe und wird zu Ende dieses Monates von der Wespe durchbohrt, während die meisten Parasiten und die Einmietler erst im nächsten Winter oder Frühlinge hervorkommen. Sie ist so fest mit den Zweigen verbunden, dass man alte Gallen oft noch an dreijährigen Zweigen findet.

Von der Galle von *C. tinctoria*, mit der sie in manchen Fällen sehr leicht verwechselt werden kann, unterscheidet sie sich durch die oft braungelbe Oberfläche, durch das im Innern braungelbe ziemlich lockere Gewebe, durch den Mangel einer deutlich abgegrenzten harten Innengalle und durch das frühe Erscheinen der Gallwespe.

Die Galle von *C. tinctoria* findet sich auf der Südhälfte von Europa, obwol sie bei Wien nicht mehr häufig ist, die von *C. Kollari* reicht aber bis zum Nordsee und die von Snellen van Vollenhoven in seiner Abhandlung: „*Over eene Galwespsoort*" in den Figuren 2 — 4 abgebildete fälschlich für die von *C. tinctoria* gehaltene Galce gehört auch hieher.

19. Cynips lignicola, *Hart.*

Die Galle dieser Art, eine der häufigsten in Oesterreich und Ungarn, entwickelt sich aus den Axillar-, seltener aus den

Terminalknospen von *Quercus sessiliflora* und *pedunculata*; sie ist kugelig, gewöhnlich etwas mehr als erbsengross, selten mit einem Durchmesser über einen Centimeter, obwol sich manchmal auch solche finden, welche nur einen Durchmesser von 5 Millimetern haben. — Sie ist rostroth, seltner braungelb oder schwärzlich rothbraun, hat einen weisslichen Ueberzug, welcher fleckenweise fehlt, wo nemlich die äusserste Gallenschichte beim Grösserwerden der Galle stellenweise zerrissen ist, oder der weissliche Ueberzug ist, besonders bei grossen Exemplaren, an der Endhälfte nur als unregelmässiges Netz vorhanden, wenn die Flecken, welche meist von den Rändern der aufgerissenen Oberhaut begrenzt sind, vorherrschen. Im Innern besteht die Galle aus einem ziemlich harten rostrothen Parenchyme, welches mit der gelbweissen Wandung der nahe dem Anheftungspunkte der Galle liegenden Larvenkammer dicht verwachsen ist.

Die Galle ist im Spätherbste ganz ausgebildet und fällt nicht ab. Die Gallwespe erscheint bei im Zimmer überwinternden Gallen im April, im Freien aber im Mai und Juni.

20. Cynips conglomerata, *Gir.*

Die Galle findet sich, meistens in grösserer Anzal beisammen, auf strauchartigen *Q. sessiliflora* und *pedunculata*, selten auf *Q. pubescens*. Sie ist so gross wie eine grosse Erbse, kugelig, besonders wenn sie allein steht, in grösserer Anzal beisammen werden aber die einzelnen Gallen an den Berührungsstellen etwas abgeflacht und die Basis wird dann oft etwas verlängert, sowie überhaupt grössere oder geringere Abweichungen von der Kugelform vorkommen. Sie ist kahl, grün, nicht ganz hart und wird im Herbste schmutzig gelbbraun. Normal entwickelt hat sie an dem der Anheftungsstelle entgegengesetzten Punkte eine kleine Warze, doch häufig findet sich dieselbe an anderen Stellen oder fehlt ganz. Im Durchschnitte zeigt sich bei frischen Gallen eine grüne Rindenschichte, welche später verhärtet und braun wird, und im Innern ein poröses Gewebe, welches bei frischen Gallen auch oft mehr oder weniger grüne Stellen zeigt. Die Innengalle liegt unter der Warze (wenn eine solche deutlich ist) und ist mit ihrer Umgebung ganz verwachsen. Die Wespe fliegt meistens im November aus.

In manchen Fällen kann diese Galle mit der von *C. lignicola* leicht verwechselt werden. Bis zur Mitte des Herbstes zeichnet sie sich wol durch die grüne Farbe hinreichend aus, wenn sie aber schon braun ist, so kann sie durch die mehr gelbbraune Farbe, den Mangel des weisslichen Ueberzuges, durch die häufige Gegenwart des Wärzchens, durch die zwei verschiedenen Gewebsschichten im Innern, sowie in vielen Fällen durch die Lage der Innengalle nahe dem Wärzchen unterschieden werden. Sie findet sich manchmal so häufig, dass die jungen verkümmerten Triebe der Eichensträucher mit denselben ganz übersät sind.

21. Cynips glutinosa, *Gir.*

Diese Art erzeugt 3 — 4 verschieden ausschende Gallformen, welche in seltenen Fällen in einander übergehen. Dr. Giraud nimmt 3 Formen an.

1. Die am häufigsten vorkommende Form (*glutinosa* im engeren Sinne) ist rundlich, hat einen beiläufigen Durchmesser von einem Centimeter, ist an der Basis an den Zweig und an den Blattstiel meistens so angedrückt, dass diese an der Galle Furchen erzeugt haben; an dem der Basis entgegengesetzten Ende findet sich eine genabelte Grube; im Allgemeinen ist die Basalhäfte der Galle mehr aufgeblasen als die Endhälfte. Die Galle ist im frischen Zustande gelb oder theilweise roth und mehr oder weniger klebrig, trocken ist sie meist braungelb und nicht klebrig. Der Durchschnitt zeigt eine grosse Höhlung, in welcher die dünne eiförmige Innengalle an der Basis oder dieser entgegengesetzt angeheftet ist, später aber oft frei liegt.

Die 2. Form (*coronata*) hat im Allgemeinen die Grundgestalt der vorhergehenden, die Endhälfte ist aber mit einem Kreise von kürzeren oder längeren in Radiusrichtung abstehenden, oft nach oben gebogenen Fortsätzen gekrönt. Jener Theil der Galle, der über der Dornenkrone liegt und in der Mitte den Nabel trägt, ist gewöhnlich mehr aufgeblasen als bei der ersten Form, so dass auch der Nabel meistens nicht so stark ausgeprägt ist. Diese Galle ist gewöhnlich blässer, viel mehr klebrig und glänzend. Beim Durchschnitte zeigt sich eine dickere, ziemlich harte Gallenschichte und eine kleinere Höhle, welche oft wie ein kreisförmiger Gang um die an der Basis der Galle mit einem sehr kurzen oder auch längeren Stiele verwachsene Innengalle herumlauft, da diese auch oben mit der Gallensubstanz verwachsen ist, obschon es auch vorkömmt, dass die Innengalle nur an der Basis angewachsen ist und der Hohlraum, obschon kleiner, wie bei der ersten Form ist.

Die 3. Form (*mitrata*) ist in der Anlage dieselbe Galle, aber ohne Hohlraum im Innern, obschon das Aussehen derselben ein ganz anderes ist. Sie ist an der Basis flach ausgebreitet, schmiegt sich aber doch an den Zweig meistens so an, dass deren Basis stark zurückgebogen ist. Von dieser rundlich-wulstigen Basis, die bei ausgebildeten Gallen einen Durchmesser von etwa einem Centimeter hat, erhebt sich ein Kegel oder ein dicker stielförmiger Theil, der am Ende abgerundet und stark genabelt ist. Die Oberfläche ist glänzend, bräunlichroth und ziemlich klebrig. Beim Durchschnitte zeigt sich keine Höhlung, indem sich die Innengalle überall an das Gallenparenchym anlegt.

Eine vierte Form, welche ich in 2 Exemplaren gefunden habe, kann zu der letzten Varietät *mitrata* gestellt werden. Sie weicht von dieser dadurch ab, dass die Basis in mehrere Knorren auslauft, das Ende eine in mehrere flache Fortsätze ausgebreitete Platte bildet und dass die Galle eine bedeutendere Grösse hat (Fig. 21 d.).

Die erste Form findet sich auf *Quercus sessiliflora* und *pedunculata*, die zweite auf *Quercus pubescens*, die dritte auf *Q. sessiliflora*.

Die Gallwespe, im Anfange des Winters bereits in den meisten Fällen ausgebildet, bricht im nächsten März oder Anfang April aus der Galle hervor.

22. Cynips coriaria, Hart.

Diese Art erzeugt eine Galle, welche in ihrer Gestalt manchmal an die Form *coronata* der vorhergehenden Art erinnert. Die einfachsten und regelmässigsten Exemplare sind halbkugelförmig, mit der Konvexität an den Stengel angeheftet und mit der in der Mitte stark vertieften Scheibe nach oben gekehrt: von dem Rande zwischen der Scheibe und der konvexen Oberfläche, auch oft von der Scheibe selbst, entspringen viele gegen das Ende sich verjüngende lange Fortsätze, die nach auswärts oder nach einwärts gekrümmt sind. Oefters sind mehrere Fortsätze mitsammen verwachsen und bilden eine Platte, welche am Ende mit mehreren Spitzen endet. Andere Exemplare sind mehr oder weniger kugelig und lassen ihre Fortsätze unregelmässig abgehen. Der quere Durchmesser der Galle, ohne Rücksicht auf die Fortsätze, schwankt gewöhnlich zwischen einem und zwei Centimetern, obschon es auch mitunter grössere und kleinere gibt; die mittlere Länge der Fortsätze ist $\frac{1}{2}$ — 1 Centimeter. Die harte Galle ist braun und nicht klebrig. Sie zeichnet sich ganz besonders im Durchschnitte aus, da sich v i e l e eiförmige Kammern, in denen die Larven der Gallwespe leben, vorfinden, welche Kammern oder Innengallen von der braunen ziemlich harten Gallensubstanz umgeben sind.

Sie findet sich auf *Quercus pubescens*, selten auf *sessiliflora*, ist im Herbste reif und fällt nicht ab, so dass man sie im nächsten Jahre, auch öfters noch im dritten Jahre mit vielen Löchern besetzt, auf den Eichen findet.

Herr v. Haimhoffen, der die Galle in den Verhandlungen der zoologisch-botanischen Gesellschaft 1867 p. 527 beschrieben und abgebildet hat, gibt an, dass die Gallwespen im Zimmer vom December bis Ende Februar hervorbrechen, im Freien aber zu Ende des Frühlings ausfliegen. Ich habe eine solche Galle am 8. November 1869 gesammelt und am 18. desselben Monats ist im Zimmer die erste Gallwespe ausgebrochen, der in den nächsten Tagen noch mehrere folgten.

23. Cynips polycera, *Gir.*

Die Galle sitzt in den Blattachseln von strauchartiger *Q. pubescens*, seltener auf *Q. sessiliflora* und *pedunculata*. Sie ist im Mittel einen Centimeter lang, verkehrt kegelförmig, so dass sie mit der stumpfen Spitze, welche den Ansatzpunkt am Stengel etwas überwallt, aufsitzt; die Basis des Kegels, d. i. das obere Ende der Galle, bildet eine flache, in der Mitte oft mit einem kleinen Knöpfchen versehene, im Mittel einen Centimeter im Durchmesser habende, ziemlich kreisrunde Scheibe, welche mit einem meist deutlichen, oft scharfen Rande versehen ist. Von diesem entspringen meistens mehrere nach aussen gerichtete, am Ende ziemlich spitzige Fortsätze. Die Galle ist anfangs grün und wird später braungelb. Beim Durchschnitte zeigt sich unter der Scheibe eine grosse kugelförmige, grob gestreifte, dickwandige, harte Innenzelle, welche sich ringsum an die ziemlich harte Gallensubstanz anlegt, aber nicht mit ihr verwachsen ist. In vielen Fällen hat die Galle eine mehr cylindrische Form, wenn der dem Stengel zunächst liegende Theil der Galle (unter der Innengalle) Einmietler-Larven enthält, wodurch eine Auftreibung des unteren Theiles der Galle erfolgt. In den meisten Fällen wird die Entwicklung der Cynips-Larve durch die Synergus-Larven nicht gestört, so dass man aus derselben Galle den Gallerzeuger und Einmietler erhalten kann. Die Cynips fand ich bereits in der ersten Hälfte des October ausgebildet in der noch grünen Galle, doch fliegt sie nach meinen Beobachtungen zu Ende October und Anfangs November aus.

Zu dieser Art gehört jedenfalls *Cynips subterranea* Gir.; auch der Autor derselben schreibt mir, dass die Galle derselben nur eine modificirte Form der von *C. polycera* sei. Die Stücke, welche ich von Herrn Dr. Giraud erhalten habe, unterscheiden sich von *polycera* durch die geringere Grösse und durch den Ansatz an unterirdischen oder an von etwas Moos oder Blättern mehr oder weniger bedeckten Zweigen.

24. C. caliciformis, *Gir.*

Die kugelige, erbsengrosse Galle sitzt in den Blattachseln von *Quercus pubescens*, selten von *Q. sessiliflora* oder *pedunculata*. Ihre braune (anfangs grüne), mit sehr kurzen, etwas schuppenförmigen Härchen reichlich besetzte Oberfläche ist schön façettirt; jede Façette ist convex oder fast flach und trägt in der Mitte ein kleines glänzendes, meist unbehaartes Wärzchen. Beim Durchschnitte zeigt sich diese Rindenschichte dünn und mit der grossen, ziemlich dickwandigen Innengalle verwachsen. Die Galle fällt nicht ab.

Es ist mir bisher noch nicht gelungen, die Gallwespe zu erhalten.

25. Cynips amblycera, *Gir.*
(*C. corruptrix, Schlechtendal.*)

Die kleine 4—5 Millimeter lange Galle besteht aus einem kurzen cylindrischen Stücke, welches die Larvenkammer enthält und 2—3 meist schief nach oben und aussen (oder nur nach aussen) gerichtete dicke, ziemlich kurze, kegelförmige Fortsätze trägt. An dem der Basis entgegengesetzten Punkte (bei solchen mit drei Kegeln in der Mitte zwischen denselben) findet sich meistens eine kleine Warze, welche von einem dichten, wolligen, kurzen Haarkranze umgeben ist. Die Oberfläche der Galle ist rothbraun und kahl. Der Durchschnitt zeigt eine grosse, dünne Innengalle, welche sich aber nicht in die Kegel, die von einem ziemlich harten Parenchyme ausgefüllt sind, fortsetzt und mit der dünnen Wand des cylindrischen Theiles der Galle verwachsen ist.

Die Gallwespe erscheint im Mai des nächsten Jahres.

26. Cynips galeata, *Gir.*

Die schöne, kleine Galle besteht aus zwei übereinander gestellten, von einander scharf abgeschnürten Theilen. Der Basaltheil hat die Form eines runden Kissens mit einem Querdurchmesser von etwa 5 Millimeter bei einer Höhe von 2—3 Millimeter, wird aber an der regelrechten Ausbildung insbesondere durch den Blattstiel gehindert, so dass an dieser Stelle eine Furche entsteht, in welche dieselbe eingedrückt ist; die Oberfläche dieses Basaltheiles ist braunroth und meistens deutlich mit gewöhnlich viereckigen dunkleren Theilen der Oberhaut, die bei der Entwicklung der Galle in dieser Weise zerrissen ist, bedeckt; die Oberhaut selbst hat zerstreute, ziemlich lange, feine, wollige und weisse Haare. Auf dem polsterförmigen Basaltheile sitzt der fast knospenähnliche Endtheil, welcher an der Basis ebenso dick und auch so geformt wie der Basaltheil der Galle ist, sich aber nach oben kurz kegelförmig verlängert und in einen oder mehrere faserige Fortsätze, welche sich vor dem Ende meist noch in mehrere Theile spalten, endet. Dieser Endtheil der Galle ist kurzwollig behaart und zeigt au der unteren aufgetriebenen Partie eine grobe Längsfurchung. Beim Durchschnitte findet man die Innengalle in dem kissenförmigen Basaltheile, wo sie ringsum mit der Gallensubstanz verwachsen ist, während der knospenförmige Endtheil mit braunem Zellgewebe ganz angefüllt ist.

Diese Galle findet sich auf den schwachen Trieben von strauchartigen *Quercus pubescens* und *pedunculata;* weder Dr. Giraud noch ich waren im Stande, die Gallwespe zu ziehen.[1]

---

[1] Ein einziges Mal habe ich in einer Galle eine todte aber ausgebildete Gallwespe gefunden, deren kurze Diagnose hier folgt:

Cynips galeata, Gir.: Long. 3·6 Mill. Testaceo-ferruginea, albide pubescens, abdomine ferrugineo supra prope basim fusco, mandibularum margine masticatorio atque unguiculis fuscis; antennae 13articulatae articulo secundo fere duplo longiore quam crassiore; alae dimidio apicali infuscato.

Eine genauere Beschreibung und Vergleichung mit den höchst nahe verwandten Arten *C. caliciformis*, *Kollari*, *lignicola* und *tinctoria* wage

27. Aphilothrix lucida, *Hart.*

Die kugelige, fahlgelbe Galle, welche sich auf strauchartigen *Quercus pedunculata*, *sessiliflora* und *pubescens* findet, hat gewöhnlich die Grösse einer Kirsche, seltener einer Wallnuss; ihre ganze kahle Oberfläche ist mit stiel- oder fadenförmigen, starren Fortsätzen, welche radial abstehen und in ein rostrothes Knöpfchen enden, bedeckt. Im Durchschnitte zeigt sie ein hartes Gewebe, in welchem sich zahlreiche, eiförmige Höhlungen finden, in denen je eine Gallwespenlarve lebt, ohne in eine besondere Innengalle eingeschlossen zu sein. Die Galle fällt nicht ab und die Wespen fliegen im März und April aus.

28. Aphilothrix gemmae, *L.*
(*C. fecundatrix, Hart.*)

Die einem Hopfen- oder Lärchenzapfen nicht unähnliche Galle sitzt in den Blattachseln von *Quercus pedunculata, sessiliflora* und *pubescens*. Sie erreicht die Grösse einer Kirsche, seltener einer kleinen Wallnuss und besteht aus einer sehr stark verkürzten Axe, an welcher dicht gedrängt zahlreiche mässig lange, mehr oder weniger reichlich behaarte Schuppen aufsitzen; die aussen und unten vorkommenden Schuppen sind oval oder ovaldreieckig, die oben und innen liegenden lanzettlich oder fadenförmig. Im Innern der Galle sitzt am Ende der kurzen Axe die eiförmige Innengalle auf; sie ist von den Schuppen meistens so umgeben, dass sie von aussen nicht, oder nur ihr oberes Ende gesehen werden kann. Diese Innengalle ist hart, hat im ausgebildeten Zustande eine Länge von 8 — 9 Millimeter, ist an der Basis abgeflacht und hat am entgegengesetzten (oberen) Ende einen kleinen kreisförmigen Eindruck, in welchem ein sehr kleiner Kegel mit glänzender Spitze sitzt. Bei Bildungshemmungen kommt es mitunter vor, dass diese Stelle wol nahe dem Ende der Innengalle, aber seitwärts, liegt. Die Oberfläche der Innengalle ist, so wie die sie umgebenden Schuppen, rothbraun, und zeigt öfters recht deutliche Längslinien. Im Innern liegt die grosse eiförmige Larvenkammer.

Die Innengalle fällt im Herbste auf den Boden und überwintert daselbst. Schliesslich wäre noch zu bemerken, dass in

---

ich erst dann zu geben, wenn mir mehrere Exemplare vorliegen werden, obwol sich *C. galeata* von den letzteren Arten schon durch die viel geringere Grösse auszeichnet.

vielen Fällen die Galle klein bleibt und die Innengalle blassgelb und nur hirsekorn- oder hanfkorngross ist, in welchem Falle Schmarotzer zu erwarten sind.

29. Aphilothrix solitaria, *Fonsc.*
(*C. ferruginea Hart.*)

Die holzige, spindelförmige Galle entwickelt sich ohne oder mit kurzem dicken Stiele aus den Axillarknospen von *Quercus pubescens* und *sessiliflora*; sie ist an der Basis von den kleinen Knospenschuppen umgeben und endet in einen kürzeren oder längeren oft gekrümmten Stiel; in das stumpfe Ende dieses Stieles zeigt sich gewöhnlich eine kleine Warze oder ein kurzer Kegel eingesetzt. Die Galle ist braun und im frischen Zustande mehr oder weniger mit gelbbrauner Wolle bedeckt. Im Innern der ziemlich dünnen aber harten Galle findet sich eine grosse ovale Höhlung als Larvenkammer. Ihre Länge beträgt im Mittel einen Centimeter.

Die Gallwespe scheint im September auszufliegen, denn am 28. September fand ich an den Eichen solche frische Gallen schon mit dem Flugloche der Wespe versehen.

30. Aphilothrix globuli, *Hart.*

Die grüne kugelige Galle findet sich in den Terminal- oder Axillarknospen von *Quercus pubescens* (und wahrscheinlich auch anderer Eichen), sie ist bis zur Hälfte oder darüber von den Knospenschuppen bedeckt und hat einen Durchmesser von 3—4·3 Millimeter; an dem der Basis entgegengesetzten Theile sitzt eine meist gelbe, manchmal rostrothe Warze (oder ein stumpfer Kegel) auf. Die grüne unbehaarte Oberfläche der Galle ist im frischen Zustande weich und zeigt eine saftige Unterlage, die aber im Spätherbste vertrocknet, wodurch die grün bleibende Oberfläche netzartige Falten oder Kielchen bekömmt. Innerhalb der weichen Schichte liegt die holzige Innengalle, welche eine Larvenkammer enthält. Diese Innengalle hat an ihrer Oberfläche netzartige Leistchen.

Die Gallwespe fliegt nach Hartig im Monate Februar aus.

31. Aphilothrix autumnalis, *Hart.*

Die Galle dieser Art gleicht in vielen Beziehungen der vorhin beschriebenen, denn sie ist ebenso meist über die Hälfte von den Knospenschuppen bedeckt, hat im frischen Zustande auch eine grüne Farbe, unter der Oberhaut ein dünnes fleischiges Gewebe und am Ende öfters eine kleine rundliche Warze. Sie unterscheidet sich aber von der Galle von *A. globuli* durch die meist ovale oder länglich-ovale Form bei einer Länge von 3·5—5, und einem queren Durchmesser von 2·5—3·5 Millimeter, sowie dadurch, dass die Innengalle an der Oberfläche nicht netzartige Leistchen, sondern stumpfe Längskielchen hat, welche auch an der Oberfläche der vertrockneten braunen Galle sichtbar sind, indem sich die dünne fleischige Schichte beim Vertrocknen dicht an die Innenzelle anlegt.

Nach Hartig bricht diese Galle erst im Anfange Oktober aus den Knospen hervor und fällt in der Mitte Oktober aus den Knospen auf die Erde. Ich habe sie erst einmal gefunden, aber von Herrn Tschek in Piesting mehrere frische Exemplare erhalten.

32. Aphilothrix collaris, *Hart.*

Die unscheinbare braune Galle sitzt in den Blattachseln von *Quercus sessiliflora*; sie ist hart, unbehaart, kugelig oder eiförmig, ausgewachsen 2—3 Millimeter lang, am Ende meist mehr oder weniger kegelförmig zugespitzt, hat bei gut ausgebildeten Exemplaren unmittelbar unter dem Kegelchen einen seichten gürtelförmigen Eindruck, welcher öfters durch hellere oder dunklere Färbung ausgezeichnet ist, und ist zur Hälfte oder darüber von den Knospenschuppen umgeben. Manche Exemplare sind blassgelb, ganz oder fast ganz von den Knospenschuppen umgeben und sehen kaum mit der stumpfen Spitze hervor; höchst wahrscheinlich sind diefs solche, welche von Schmarotzern bewohnt sind.

Es ist mir nicht bekannt, dafs die Wespe von irgend Jemanden, ausser von Hartig, gezogen wurde. Schenck gibt an, dafs die Galle auch nach dem Ausschlüpfen der Wespe in der Knospe bleibt; ob diefs aber immer der Fall sei, mag wol noch dahingestellt bleiben, da Schenck die Galle nur in wenigen Exemplaren gefunden und die Wespe nicht gezogen hat.

33. Aphilothrix callidoma, *Hart.*

Die schöne spindelförmige, lang gestielte Galle entspringt aus Blattachseln von *Quercus pubescens* in der Weise, dass die kleine Knospe, aus deren Spitze der dünne lange Stiel hervortritt, äusserlich gar nicht verändert ist. Die Oberfläche der meist gerstenkorngrossen, kurz- oder lang-spindelförmigen Galle ist frisch grün oder roth, später rothbraun, mit wenigen oder vielen, scharfen oder undeutlichen Längskielchen versehen, zeigt aber manchmal auch keine Spur davon. Die Spitze der Galle ist warzen-, oder kurz kegelförmig abgesetzt, gelbbraun und unbehaart, während die übrige Galle und der Stiel mit langen oder kurzen weissen, nach abwärts gerichteten Haaren nicht dicht besetzt ist. Manchmal findet man den dünnen Stiel ziemlich kurz, die Basalhälfte der Spindel sehr lang, die Endhälfte aber sehr kurz. Der Durchschnitt zeigt eine grosse, länglich ovale Höhlung als Kammer, welche von einer dünnen, weissen, mit der Gallensubstanz überall verwachsenen Innengalle begrenzt ist; über und unter derselben findet sich ein braunes Zellgewebe.

Nach Dr. Giraud's Beobachtung findet sich die Galle vom Juli bis Oktober, und die frühesten fallen ab, wenn sich die anderen erst zu entwickeln beginnen; ich selbst habe sie nur einmal im Spätherbste gefunden.

34. Aphilothrix glandulae, *Hart*.

Die Galle ist kegelförmig mit meistens stark turbanartig angeschwollener Basis, welche gewöhnlich von den Schuppen der Axillarknospe umschlossen ist, während der obere Theil aus der Knospe hervorragt. Die Galle erreicht eine mittlere Länge von 6 Millimeter bei einem ebenso langen Querdurchmesser der Basis; sie ist im frischen Zustande grün und mit schneeweissen, seidenartigen, nach abwärts gerichteten anliegenden Haaren bedeckt; die Spitze der Galle ist abgesetzt, warzenförmig, gelb und unbehaart. Der Durchschnitt der Galle zeigt, dass sich in derselben meistens zwei Hohlräume vorfinden; der obere Hohlraum ist der grössere, er ist eiförmig und von einer weisslichen, dünnen Schichte (der Innengalle) begrenzt, während der untere Hohlraum quer ausgedehnt, leer oder öfters von schwammigem Zellgewebe erfüllt ist.

35. Aphilothrix Clementinae, *Gir*.

Die kugelige Galle hat die Grösse einer Erbse (5 Millim.), ist an der Basis unbedeutend verlängert und hat dieser entgegengesetzt eine kleine kegelförmige Spitze; sie ist braungelb, hat mehrere unregelmässig vertheilte, kleine, flach kegelige Erhöhungen und ihre fein runzelige Oberfläche ist mit gelbweissen, gegen die Basis der Galle gerichteten Härchen weitläufig bestreut, nahe der Spitze jedoch stehen sie, besonders unmittelbar unter der mehr oder weniger deutlich abgesetzten braunen Spitze der Galle, reichlich. Im Durchschnitte zeigt sich eine äussere dünne gelbe und eine innere dünne rothbraune Schichte, beide von lederartiger Konsistenz; diese innere Schichte begrenzt eine grosse kugelförmige Höhlung, in welcher die gelbe kugelige Innengalle lose liegt.

Nach einer brieflichen Mittheilung des Herrn Dir. Tschek fand derselbe diese Galle bisher im Spätherbste immer abgefallen, gewöhnlich nach dem ersten Froste, unter hohen Bäumen von *Quercus sessiliflora*, an deren obersten Zweigen sie vorkommen dürfte. An den frisch abgefallenen Gallen fand derselbe oft noch die an der Basis der Galle haftenden Knospenschuppen. Hr. Ritt. v. Frauenfeld und Dir. Tschek erhielten einige Gallwespen schon im Februar und März, die Mehrzahl aber erst im darauffolgenden Oktober und November.

36. Synophrus politus, Hart.

Die mehr oder weniger kugelige Galle bildet sich aus den Axillar- und Terminalknospen der Zerreiche· und zeigt verschiedene Formen, von welchen ich vor allem die gewöhnlichste und regelmässig entwickelte erläutere. Sie hat gewöhnlich die Grösse und so ziemlich auch das Aussehen einer grossen Galle von *Cynips lignicola;* jung ist sie mehr oder weniger grün, ausgewachsen aber lehmgelb bis schwärzlich, mit kleinen weisslichen Wärzchen besäet und mit kurzen, nur mit der Loupe sichtbaren Härchen besetzt. (Die Basis, welche meistens noch die Knospenschuppen trägt, ist öfters eine Strecke hindurch mit dem Zweige verwachsen.) An dem der Basis entgegengesetzten Ende findet sich meistens eine nabelförmige, kleine Vertiefung oder eine kleine kegelförmige Erhöhung. Beim Durchschnitte zeigt sich die Galle aus zwei Schichten bestehend; die äussere ist im frischen Zustande grün und besteht aus Rindensubstanz, während die innere, welche die Larvenkammer enthält, aus echter Holzsubstanz gebildet ist. Als zweite Form wäre jene anzuführen, welche an der Oberfläche verkümmerte Blätter trägt, im Uebrigen aber mit der vorigen übereinstimmt. Aus dieser entwickelt sich durch Streckung der Galle eine dritte Form, welche leicht für eine

Stengelanschwellung (also nicht für eine Knospengalle) gehalten werden könnte, besonders wenn sich die Gallwespe nicht im ersten Jahre entwickelt und die Galle im zweiten Jahre als Zweig weiterwächst. Eine vierte Form ist durch die Beständigkeit in der Grösse und Gestalt interessant, indem man öfters auf einer Eiche nur diese Form in grösserer Anzahl findet. Sie ist kugelig, hat meistens nur 5 Millim. im Durchmesser, die kleinen weissen Wärzchen fehlen oder sind oft weit undeutlicher als bei der zuerst beschriebenen Form, ebenso ist an dem Ende kein Nabel oder kegelförmiger Fortsatz vorhanden; im Durchschnitte zeigen sich Rinden- und Holzsubstanz viel dünner, die Larvenhöhle aber ist relativ sehr gross. Aus dieser Form entwickelt sich ein *Synophrus*, welcher wol meistens kleiner ist, sich aber sonst durch gar kein Merkmal von den aus der Stammform gezogenen Exemplaren unterscheidet, entscheidend aber ist, dass ich aus solchen Gallen auch Exemplare gezogen habe, welche selbst in der Grösse durchaus nicht abweichen. Die normale Flugzeit der Gallwespe fällt in den März und April, doch habe ich noch im darauffolgenden Herbste lebende Exemplare aus den aufgeschnittenen Gallen herausgezogen. Bei jenen Gallen, die man schon einige Zeit vor der Flugzeit der Wespe gesammelt hat, ist es jedenfalls zweckmässig, dieselben Anfangs März einige Stunden lang im Wasser liegen zu lassen, weil das Insekt sonst meistens nicht im Stande ist, die trockene harte Holzschichte der im Zimmer aufbewahrten Gallen zu durchbeissen.

Am 9. April d. J. fand ich ein Blatt der Zerreiche, dessen eine Hälfte nur entwickelt war, und an dessen Mittelrippe eine ausgebildete Galle von *Synophrus politus* festsass, aus welcher nach zwei Wochen die Gallwespe hervorkam.

37. **Dryoteras** terminalis, *Fabr.*

Die allgemein bekannte schnellwüchsige Schwammgalle bildet sich aus den Terminal-, seltener Axillarknospen von *Quercus sessiliflora*, *pedunculata* und *pubescens*. Sie ist im Allgemeinen rund mit etwas grösserem Quer- als Längendurchmesser (2—4 Centimeter im Querdurchmesser). In der Mitte des Monats Mai ist sie bereits ganz ausgewachsen, hat eine blassgelbe oder bräunlichgelbe Farbe und ist, je nachdem sie der Sonne exponirt ist, mehr oder weniger roth gefärbt. Die schwammige Galle zeigt im Inneren eine grosse Anzahl eiförmiger, gelblichweisser Larvenkammern, welche von dem schwammigen Gewebe dicht umgeben sind.

Schon zu Ende Mai oder im Anfange Juni erscheinen die Gallerzeuger, sowie die Einmietler *(Synergus facialis H.)* und einige Schmarotzer. Im Juni wühlen die Cetonien (Rosenkäfer) so in diesen Gallen, dass die schwammige Substanz theilweise oder grösstentheils zerstört wird, wobei aber die Gallen harzig werden, und wenn man im nächsten Winter oder Frühjahr diese Gallen wieder auf den Zweigen aufsucht, so ist die schwammige Substanz durch Verwitterung ganz zu Grunde gegangen und es sind nur mehr die aneinander haftenden Innengallen, aus denen aber noch im zweiten Jahre oft einige Schmarotzer gezogen werden können, vorhanden.

38. Andricus inflator, *Hart.*

Die Galle erscheint als terminale Anschwellung des jungen Triebes von *Quercus pedunculata* und ist wie ein gewöhnlicher Zweig mit Blättern besetzt. Ihre Entwicklung geschieht unzweifelhaft dadurch, dass die Gallwespe das Ei in die Spitze des Axentheiles der Terminalknospe legt, bei der Entwicklung der Knospe im Frühjahre die Spitze des Axentheiles zurückbleibt, während der peripherische Theil desselben sich, wenig behindert, mit den Blättern entwickelt, so dass man beim Längendurchschnitte der Anschwellung eine gestreckte Höhlung findet, an deren unterem Ende die kleine eiförmige Innengalle, wie ein Ei in einem entsprechend engen Becher, liegt. Die Höhlung ist oben von einer dünnen Haut geschlossen. Die Wespe durchbohrt im Juni das obere Ende der Innengalle und die die Höhlung verschliessende dünne Haut. Bis zum Herbste nimmt die nun leere Galle noch mehr oder weniger an Umfang zu und entwickelt aus den Axillarknospen manchmal schon in demselben Jahre, meistens aber erst im nächsten, mehrere Triebe.

Professor Schenck stellt zu dieser Art die von Forstrath Hartig unter dem Namen *C. axillaris* beschriebene Galle als Varietät. Schenck hat aus derselben die Wespe gezogen und dieselbe mit *A. inflator* identisch gefunden. Dr. Giraud meint, einer brieflichen Mittheilung zufolge, dass sie eine etwas modificirte Form der Galle von *Andricus curvator* sei. Ein von Prof. Schenck erhaltenes Stück besteht aus einer blasigen, dünnwandigen, etwa 8 Mill. langen und 5·5 Mill. dicken, fast eiförmigen

Anschwellung mit unebener, etwas schuppig-blätteriger, auf einer Seite gefalteter Oberfläche, der Faltenrand selbst zeigt undeutliche Blattreste; in der grossen Höhlung liegt am Grunde eine länglich-ovale Innengalle. Diese Anschwellung sitzt in dem oberen Winkel zwischen dem dünnen Zweige und der Lateralknospe, welche letztere aber nicht directe auf dem Zweige, sondern auf einem sehr kurzen verdickten Seitentriebe aufsitzt.[1])

39. Andricus circulans, *nov. spec.*

Im Februar und März des verflossenen Jahres fand ich in der Umgebung Wiens (besonders zwischen Kalksburg und Mauer) in den Axillarknospen von Zerreichengebüschen kleine Gallen, deren Erzeuger einer neuen Art angehören.

Diese Gallen sind länglich-eiförmig, kleinen Ameisenpuppen ähnlich, meistens 2·5 Millimeter lang, sitzen zu 1—8 Stücken in der Knospe und sind von den inneren breiten und kurzen Knospenschuppen so umschlossen, dass man nur das obere Ende derselben sieht; die äusseren, langen, linearen Schuppen stehen bei feuchtem Wetter ab, so dass sie die Ansicht der Gallen nicht behindern, doch bei trockenem Wetter krümmen sie sich so nach innen und oben über die Gallen, dass es schwierig ist, die letzteren zu sehen. Die Gallen sind kahl, von bräunlichgelber, schmutzigbraunrother oder auch schön hellrother Farbe und zeigen, mit einer starken Loupe oder mit dem Mikroskope betrachtet, ovale oder elliptische Zellen. Die Wandung der Galle ist sehr dünn und umgrenzt die Höhlung, in welcher die Gallwespe lebt. Sind die Gallen in grösserer Zahl in einer Knospe, so kommt es öfters vor, dass eine Galle in der Mitte ist, während die übrigen im Kreise herumstehen, in anderen Fällen bilden alle einen Kreis, oder, wenn vier Stücke vorhanden sind, haben sie zusammen Aehnlichkeit mit der Frucht eines Lippenblütlers. Oft sind die Gallen so aneinandergepresst, dass sie sich an den Berührungsstellen abplatten.

Die im Februar gesammelten Gallen lieferten im geheizten Zimmer schon in den ersten Tagen des März eine Anzahl Männchen, während die Weibchen erst nach 8—10 Tagen folgten;

---

[1]) Am 19. Mai d. J. fand ich auf *Q. sessiliflora* 2 blasige Gallen, welche zur *C. axillaris*-Galle zu gehören schienen, obschon sie als frische Gallen ein anderes Aussehen hatten; Anfangs Juni öffnete ich die grössere derselben, deren Höhle sich so wie bei der Galle von *A. curvator* verhielt, und zog daraus einen *A. curvator* hervor.

jenen, die ich am 21. März gesammelt hatte, entschlüpften die Wespen im April und bei den am 15. April gesammelten zeigten sich schon viele durchlöchert, obwol aus den vollen sich noch in den nächsten Tagen Wespen entwickelten; im Mai erschien kein *Andricus* mehr, sondern nur wenige *Ceroptres* und *Pteromalinen.* Im heurigen Jahre fand ich nur einige wenige Exemplare. [1])

40. Andricus burgundus, *Gir.*

Die Galle dieser Art gleicht der vorhergehend beschriebenen so sehr, dass ich kein sicheres Unterscheidungsmerkmal anzugeben vermag; dass ich aber dennoch *A. circulans* als neue Art beschrieben habe, hat seinen Grund darin, dass sich die Wespen nicht unbedeutend von einander unterscheiden und die Flugzeit bei *A. burgundus* um einen Monat später fällt. Dr. Giraud theilte mir mit, dass er die vorhin beschriebene Art ebenfalls gefunden und für neu halte. Derselbe meint, dass jede Galle von *A. burgundus* ihren Sitz auf einem Staubgefässe habe und dass die Vereinigung mehrerer Gallen auf einem noch in der Knospe ruhenden Staubblütenkätzchen ein solches Auftreten hervorbringen würde; dass sich die Gallen von *A. circulans* wenigstens meistens in Blattknospen entwickeln, unterliegt keinem Zweifel und weitere Untersuchungen werden lehren, ob sich die Gallen von *A. circulans* nur in Blattknospen und die von *A. burgundus* nur in Staubblütenknospen entwickeln.

Die Abbildung der Gallen von *A. burgundus* ist typischen Stücken entnommen.

---

[1]) *Andricus circulans*, Mayr. Long. 1·7—2·4 Mill. Niger, trochanteribus, geniculis, tibiis tarsisque rufis; caput et mesonotum punctato - coriacea, micantia; antennae ♂ 14—, ♀ 13 articulatae.

Schwarz, die Fühler beim Männchen schwarz, nur mit einem schwachen bräunlichen Stiche, am Gelenke zwischen dem zweiten und dritten Gliede schmal braungelb, beim Weibchen braun mit gelbbraunem zweiten Gliede; an den Beinen sind alle Gelenke, die Schienen und Tarsen gelbroth, hingegen alle Hüften, die Vorderschenkel an der Basalhälfte, die Mittel- und Hinterschenkel bis nahe zum Kniegelenke schwarz oder schwarzbraun; die Tarsen sind gewöhnlich an der Spitze dunkler oder schwärzlich. Die 5gliedrigen Kiefertaster und die Lippentaster sind gelb, die Mandibeln rothgelb mit dunkeln Zähnen. Die Fühler sind bei beiden Geschlechtern ziemlich dünn, das zweite Glied ist eiförmig, deutlich länger als dick. Stirn und Scheitel haben eine dichte, feine und scharf runzelige

41. Spathegaster Giraudi, *Tschek.*

Die kleine nur 2·7—4·5 Millimeter lange, eiförmige Galle bildet sich zu Anfang des Frühlings aus den kleinen, kaum stecknadelkopfgrossen Axillarknospen der schwächsten letztjährigen Triebe von *Quercus pubescens*. Sie ist im frischen Zustande grün oder mehr weniger roth und von saftreichen, meist rothen abstehenden Haaren reichlich bedeckt. Sie besteht nur aus einer dünnen, ziemlich weichen Schale, welche die Larvenkammer bildet. An der Basis der Galle finden sich die kleinen Knospenschuppen.

Die Wespe fliegt in der ersten Hälfte des Mai aus; in dem heurigen verspäteten Frühlinge erhielt ich aus, mir von Hrn. Dir. Tschek freundlichst zugesendeten, frischen Gallen die Gallwespen erst in der Mitte Mai.

42. Spathegaster aprilinus, *Gir.*

Die im Mittel erbsengrosse, blasige Galle entwickelt sich meistens an den Terminal-, seltener an den Axillarknospen von *Quercus pubescens* und mitunter auch von *Q. sessiliflora*, und zeichnet sich besonders durch ihr rasches Wachsthum aus, denn kaum dass die Knospen geschwellt sind, ist sie in wenigen Tagen ausgewachsen und zeigt die kreisrunden Löcher, welche die Gallwespen beim Ausschlüpfen erzeugt haben. Sie ist kugelig, eiförmig oder knollig, gelbweiss oder gelbgrün, stellenweise roth angelaufen und sehr zerstreut kurz behaart, an der Basis ist sie von den grösseren äusseren Knospenschuppen gestützt, während sie die leicht abfallenden inneren Schuppen an ihrer oberen Hälfte vertheilt trägt. Sie besteht aus einem saftigen dünnwandigen Merenchyme, enthält 1—5 Kammern, welche äusserlich als Beulen erkennbar sind und deren Abgrenzung durch Furchen oft deutlich erfolgt; im Inneren sind die Kammern durch ein meist senkrecht gestelltes Merenchym abgegrenzt; die Kammern sind relativ zur Grösse des Insektes sehr geräumig, meist eiförmig und mit ihrer Längenaxe gewöhnlich aufrecht gestellt. Oefters sind die Gallen so klein, dass man die die Galle enthaltende Knospe

---

Punktirung (wie bei *A. grossulariae Gir.*), das schimmernde Mesonotum ist ziemlich scharf, aber fein, lederartig gerunzelt und hinten etwas längsrunzelig; die Seiten des Mesothorax sind fein und dicht längsgestreift. Der Hinterleib ist ganz glatt und glänzend.

äusserlich nur dadurch von schwellenden Knospen unterscheiden kann, dass die Knospenschuppen nicht so gleichförmig gestellt und mehr abstehend sind. Jede Gallwespe beisst sich beim Ausschlüpfen ein kreisrundes Stück der Gallenwandung aus, doch so, dass dieser Deckel noch an einer kleinen Stelle mit der übrigen Wandung zusammenhängt. Bald nach dem Ausfliegen der Wespe schrumpft die Galle so stark ein, dass man nur eine verkrüppelte, trockene Knospe an dieser Stelle findet. Dr. Giraud gibt in seinen „Signalements etc." an, dass er am 20. April schon viele Gallen durchbohrt fand und bis zum 23. April noch viele Wespen erhielt. Im vergangenen Jahre fand ich diese Gallen am 17. April am Laaerberge bei Wien, einige derselben waren bereits durchbohrt, ich erhielt aber noch viele Gallwespen in den nächstfolgenden Tagen. Heuer, bei dem verspäteten Frühlinge, fand ich sie erst am 15. Mai in grosser Menge am Leopoldsberge bei Wien, sowol auf strauchartigen ganz belaubten Eichen, als auch auf alten Bäumen; die grossen, sehr gut entwickelten Gallen waren mehr weniger durchlöchert, lieferten nur mehr zwei Männchen, hingegen noch in demselben Monate eine Anzahl von *Platymesopus tibialis*, Westw.

Schliesslich mögen noch jene Knospengallen Erwähnung finden, deren Erzeuger noch unbekannt sind, so dass sie bisher zu keiner bestimmten Gattung gestellt werden konnten:

43. ? Cynips aries, *Gir.* Die schöne Galle hat Dr. Giraud in seinen Signalements etc. (Verh. d. zool. bot. Ges. 1859, pag. 371) hinreichend beschrieben, mit Ausnahme der Stelle: „Si je ne me trompe, elle siège dans le pétiole d'une feuille dont la nervure principale seule a continué à croître et a produit ce grand prolongement qui la surmonte"; denn die Galle ist eine echte Knospengalle, die sich aus den Axillarknospen entwickelt und an der Basis noch die kleinen Knospenschuppen trägt. Die abgebildeten Stücke erhielt ich von Herrn Dr. Giraud.

44. ? Cynips gemmea, *Gir.* Ich verweise bei dieser fraglichen Art auf die Beschreibung in Dr. Giraud's „Signalements etc.", und gebe nur die Abbildung nach einem typischen Stücke aus dem kais. zoologischen Hofkabinete.

45 ? **Cynips exclusa,** *Ratzeburg.* (Forstinsekten, III. Theil, pag. 56, Taf. V Fig. 8.) Es ist sehr fraglich, ob diese Galle einer eigenen Gallwespenart ihren Ursprung verdankt und nicht etwa einer der vorhin beschriebenen Gallen angehört. Ich füge hier die Abbildung eines Stückes bei, welches wol hieher gehören dürfte und sich in der v. Heyden'schen Sammlung in Frankfurt a./M. vorfindet; leider ist die Galle selbst nicht gut erhalten, so dass eine Beziehung auf eine der vorhin aufgeführten Gallen nicht möglich ist.

Die mitteleuropäischen Eichengallen

in Wort und Bild

von

Dr. Gustav L. Mayr.

Zweite Hälfte.

(Aus dem zehnten Jahres-Bericht der Wiener Kommunal-Oberrealschule in der Rossau.)

WIEN.

Druck und Commissions-Verlag von Carl Gerold's Sohn.

1871.

IV. Blattgallen.

46. Biorhiza renum, *Hart*.

Die im frischen Zustande schöne obwol kleine Galle erscheint zu Ende September an der Unterseite der Blätter von *Quercus sessilifolia, pedunculata* und *pubescens* meistens in grösserer Anzahl und oft dicht gedrängt; mittelst eines sehr zarten, äusserst kurzen Stielchens ist sie an das Blatt geheftet und an der Oberseite desselben nicht sichtbar; sie ist kugelig, oval, nierenförmig oder knollig und hat im Mittel einen Durchmesser von 2 Millimetern. Die Farbe ist anfangs grün, ändert sich aber später meistens in ein lebhaftes Roth. Im Durchschnitte zeigt die Galle ein saftiges Parenchym und im Innern eine Larvenkammer ohne Innengalle.

Noch im Monate October beginnen die Gallen sich vom Blatte zu lösen, um auf der Erde zu überwintern. Dr. Giraud hat erst im nächsten Sommer die Gallwespen daraus erhalten.

47. Biorhiza synaspis, *Hart*.

Die Galle findet sich im Mai an der Unterseite der Blätter junger Eichen als grüne, saftige, glatte Kugel mit einem Durchmesser von 5—7 Millimeter; sie hängt nur an einem Punkte mit dem Blatte zusammen. Beim Durchschnitte zeigt sich als Begrenzung der centralen Larvenkammer eine dünne Innengalle, welche mit dem saftigen Gewebe verwachsen ist. Im Juni fällt die Galle ab, erhält eine rothe Farbe und wird Ende Juni oder im Juli von der flügellosen Gallwespe durchbohrt.

Das abgebildete Stück erhielt ich vor vielen Jahren von Herrn Dr. Giraud (ich selbst habe die Galle noch nie gefunden), es hat eine braungelbe Farbe mit vielen rothen Punkten.

48. Dryophanta scutellaris, *Oliv.*
(*Cynips folii Hartig, Schenck, Schlechtendal.*)

Die allgemein gekannte und in Europa weit verbreitete, grosse, anfangs saftige Kugelgalle an der Unterseite der Blätter von *Q. sessiliflora* und *pedunculata* ist nur an einem Punkte mit dem Blatte in Verbindung, so dass ihre Gegenwart an der Oberseite des Blattes nicht erkennbar ist; sie wechselt in der Grösse von 1 bis 2 Centimeter im Durchmesser, hat eine grüne, gelbe oder — der Sonne ausgesetzt — rothe Farbe und eine glatte, mehr oder weniger mit kleinen Höckerchen besäete Oberfläche. Beim Durchschnitte setzt die Galle, selbst im trockenen Zustande, dem Messer einen geringen Widerstand entgegen, hat keine eigentliche Innengalle und zeigt ein poröses, lockeres, lebkuchenähnliches Gewebe, welches in der Mitte die Larvenkammer enthält.

Die Gallerzeuger flogen mir vom Ende September bis Mitte December aus. Eine Verwechslung mit der zunächst beschriebenen Galle von *D. folii L.* ist deshalb unmöglich, weil sie sich strenge an die oben bezeichneten Eichen hält.

49 Dryophanta folii Linné (nicht *Hartig*).

Diese ziemlich häufig auftretende Gallenart findet sich nur auf *Q. pubescens* und erscheint anfangs Juni an der Unterseite der Blätter. Sie ist eine erbsengrosse, glanzlose, kahle, bräunlichgelbe, ziemlich harte Kugel, mit zerstreuten, unscheinbaren flachen Wärzchen besetzt, mit dem Blatte nur an einem Punkte verwachsen und an der Oberseite desselben nicht sichtbar. Beim Durchschnitte zeigt sie im reifen Zustande ein trockenes, nicht dichtes, radiär verlaufendes Gewebe und enthält in der Mitte eine Höhlung als Larvenkammer, ohne Innengalle.

Im Spätherbste findet man einen Theil der Gallen abgefallen, wärend ein Theil an den Blättern haften bleibt. Aus den im Zimmer aufbewahrten Gallen fliegen die Wespen vom October bis December aus.

50. Dryophanta longiventris, *Hart.*

Die Galle, welche ich bisher nur auf der Stieleiche gefunden habe, stimmt mit der vorigen in Grösse, Form, Consistenz, Oberfläche, Anheftung und innerer Structur überein, unterscheidet sich aber durch die Farbe, indem die rothe Galle mit ziemlich breiten, öfters etwas erhöhten (selten warzig vortretenden), oft kreisförmigen, gelben Streifen versehen ist; auch weicht sie einigermassen dadurch ab, dass sie unten etwas flachgedrückt ist. Wurde die Galle unreif gesammelt, so schrumpft sie gewöhnlich nach den Streifen zusammen, so dass die runzlige Oberfläche rothe Furchen mit gelben, wurmartig gekrümmten Leisten hat, wärend die Galle von *D. folii L.* in diesem Falle unregelmässige Höckerchen zeigt. Die Galle erscheint anfangs Juni.

Herr v. Schlechtendal giebt als Flugzeit der Wespe Ende August bis Anfang October an; ich habe aus dieser Gallenart, die ich in grösserer Anzahl nur am Leithagebirge gefunden habe, erst eine einzige Wespe im Winter erhalten und ein lebendes Stück im November aus einer Galle herausgeschnitten.

51. Dryophanta divisa, *Hartig.*

So wie die vorhergehende, findet sich die Galle dieser Art auf *Q. pedunculata*; sie ist kugelig, doch oben und unten deutlich niedergedrückt, so dass sie im Mittel einen senkrechten Durchmesser von 5 Millimeter und einen horizontalen Durchmesser von 7 Millimeter hat; sie ist an einem Punkte an eine Seiten-, seltner an die Mittelrippe an der Unterseite des Blattes angewachsen und an der Oberseite desselben nicht sichtbar; ihre Oberfläche ist glänzend, glatt, kahl, bräunlichgelb, an der der Sonne ausgesetzten Seite oft roth und mit sehr flachen, dunkler gefärbten, zerstreuten, wenigen Wärzchen besetzt. Im Durchschnitte zeigt sie ein strahliges, nicht dichtes Gewebe und hat eine grosse Larvenkammer ohne Innengalle. Von den zwei zuletzt beschriebenen Gallenarten unterscheidet sie sich durch die geringere Grösse, die niedergedrückte Kugelform, die glänzende Oberfläche und durch die relativ zur Grösse der Galle geräumigere Larvenkammer. Sehr häufig findet sich an der dem Ansatzpunkte entgegengesetzten Stelle ein flaches, mehr ausgezeichnetes Wärzchen, welches sowie die nächste Umgebung dunkler gefärbt ist.

Ich habe die Wespe noch nicht gezogen.

52. Dryophanta agama, *Hart.*

Die hanfkorngrosse Galle findet sich an den Seitenrippen der Unterseite der Blätter von *Q. sessiliflora* und *pedunculata*. Sie erscheint bereits im Juni, ist anfangs gelblichweiss, später mehr oder weniger gelbbraun, hat eine kahle, glatte, wenig glänzende Oberfläche und ist mit zerstreuten, flachen, braun gefärbten und unscheinbaren Höckerchen besetzt; sie ist ziemlich hart, quer eiförmig, an der dem Blatte zugekehrten Seite stark abgeflacht und an das Blatt angedrückt, obwol sie nur am Mittelpunkte mit demselben verbunden und an der Oberseite des Blattes nicht sichtbar ist. Im Durchschnitte zeigt sich eine lockere, $\frac{1}{2}$—1 Millimeter dicke Gewebswand, welche eine relativ zur Galle grosse Larvenkammer ohne Innengalle begrenzt. Herr von Schlechtendal gibt als Flugzeit der Wespe die Monate October und November an.

53. Dryophanta disticha, Hart.

Die an der Unterseite der Blätter von *Q. sessiliflora* sitzende, nicht durchgewachsene Galle ist cylindrisch-kugelig, wird 4 Millimeter hoch und hat gewöhnlich einen unbedeutend grösseren Querdurchmesser. Sie sitzt mit einem sehr kurzen Stielchen an einer Seitenrippe des Blattes und ist daselbst eingedrückt, sowie sie auch oben flach gedrückt ist und in der Mitte ein nabelartiges Wärzchen hat. Sie ist ziemlich hart, kahl, mässig glänzend, anfangs (im Juli und August) gelblichweiss, wird dann braungelb und oft theilweise roth. Von der vorhergehenden Art zeichnet sie sich dadurch aus, dass sie im Innern zwei über einander gestellte Höhlungen hat, deren untere die Larve enthält und welche besonders an der Basis nur von einer dünnen Wand begrenzt ist, während der obere kleine Hohlraum von einer dickeren und lockeren Gewebsschichte umschlossen und von der Larvenkammer nur durch eine dünne Zellschichte diaphragmaartig getrennt ist.

Im Spätherbste ist die Wespe bereits vollkommen entwickelt und verlässt die Galle nach v. Schlechtendal im October und November, nach Schenck im Frühlinge.

54. Dryophanta cornifex, Hart.

Die hornförmige Galle erscheint im Juni an der Unterseite der Blätter von *Q. pubescens*, ist anfangs grün, dann braungelb und öfters mehr oder weniger roth; sie ist glänzend, ziemlich hart, erreicht im Mittel eine Länge von einem Centimeter und eine mittlere Dicke von 2 Millimetern; ihre Basis ist in eine Scheibe von 2.5—3 Millimeter Durchmesser erweitert, deren Rand scharfkantig ist und deren mehr oder weniger eingesenkte Mitte der Unterseite mit der Blattrippe so verwachsen ist, dass sich an der Oberseite des Blattes keine Spur ihres Ansatzes zeigt. Häufig ist die Galle unter der Mitte etwas verschmälert, hat in seltenen Fällen einen seitlichen, kleinen Zapfen oder Kegel und endet oben kegelförmig. Im Innern enthält die Galle an der unteren Hälfte eine vertical gestellte Larvenkammer ohne Innengalle.

Im Zimmer erscheint die Wespe aus der etwas feucht gehaltenen und erst im October gesammelten Galle im Monate November und December.

55. Andricus urnaeformis, *Fonscol.*

Vom Juli bis zum Spätherbste findet man öfters einzelne Blätter von strauchartiger *Q. pubescens* in der Fläche nach abwärts gekrümmt oder theilweise eingerollt und mehr oder weniger gekrümmt und gefaltet; beim Auseinanderbiegen des Blattes zeigt sich an der Mittelrippe dort, wo sie am meisten gekrümmt und verdickt ist, eine Reihe kleiner, im Mittel hirsekorngrosser, harter, fass- oder eiförmiger Gallen von anfangs grüner, dann rother oder rothbrauner Farbe mit feiner Längsfurchung. Die Galle ist mittelst eines kurzen Stielchens in die Mittelrippe etwas eingesenkt, hat an der entgegengesetzten Stelle eine scheibenförmige Vertiefung mit vorspringendem Rande und daselbst in der Mitte ein Kegelchen. Beim Durchschnitte der Galle zeigt sich eine ziemlich dünne, obwol harte Wandung, welche aus einer äusseren, anfangs grünen, später braun gefärbten Schichte besteht, welche mit der dünnen braungelben eiförmigen Innengalle dicht verwachsen ist.

Anfangs November sind schon viele dieser Gallen abgefallen, doch findet man noch im nächsten Frühlinge solche Blätter, deren Gallen an der Basalhälfte des Blattes sitzen und durch die Verdickung der Mittelrippe am Abfallen gehindert wurden, mit einzelnen Gallen besetzt.

Es ist bis jetzt noch nicht gelungen, den Gallerzeuger zu ziehen, doch habe ich ein todtes Stück aus einer Galle geschnitten.[1]

---

[1] *Andricus urnaeformis.* Femina: Long. 2^{mm}. Nigra, nitida mandibulis, antennis pedibusque rufo-ferrugineis, antennis dimidio apicali infuscatis, articulo primo fusco, coxis nigro-fuscis, femoribus 4 posterioribus et tibiis posticis infuscatis; antennae distincte 15 articulatae; frons

56. Andricus curvator, *Hart.*
(*A. perfoliatus Schk.*, *A. dimidiatus Schk.*, *G. axillaris, Hart.*)

Die sehr häufige Galle zeigt sich schon zu Ende April bei der Entwicklung der Blätter von *Q. sessiliflora, pedunculata* und selten von *Q. pubescens*. Sie erscheint an beiden Seiten der durch dieselbe oft gekrümmten Blattscheibe als eine grüne, erbsengrosse, kugelige Auftreibung derselben; oft findet sie sich am Blattrande vor, in welchem Falle sich an der freien Seite der Galle eine von der Mitte der Unterseite zur Mitte der Oberseite im Bogen ziehende deutliche oder auch öfters ziemlich undeutliche Furche findet, während dieselbe bei jenen Gallen, welche in der Mitte des Blattes sitzen und ringsum von Blattsubstanz umgeben sind (*Andr. perfoliatus*. Schenck), fehlt. Die Galle ist oben kahl, unten fein, weitläufig und kurz behaart; nur auf *Q. pubescens* zeigt sie eine auf beiden Seiten lange Behaarung. Sie ist fast knorpelhart und hat eine ziemlich dünne Wandung, welche eine grosse Höhlung umschliesst, in der an der Wandung die kleine, kaum hirsekorngrosse, braune, dünnwandige Innengalle ziemlich lose sitzt. Oefters sind 2—3 Gallen mitsammen verwachsen, welche manchmal mitsammen nur eine Höhlung haben, in der die 2—3 Innengallen sitzen. Entwickelt sich die Galle am Blattstiele und benützt sie noch die Basis der Blattscheibe zu ihrer Entwicklung, so wird die letztere gewöhnlich gefaltet und die Galle fällt im Herbste mit dem Blatte nicht ab; dieses aber, welches nur sehr unentwickelt geblieben ist, geht im Winter gewöhnlich bis auf einige an der Galle bleibende Reste zu Grunde und die zugehörende Achselknospe entwickelt sich zu einer kurzen verkrüppelten knospentragenden Axe (siehe Taf. IV. Fig. 38 a). Dies ist die von Hartig unter dem Namen *Cynips axillaris* beschriebene und von Schenck zu *Andricus inflator* gestellte Galle. In anderen Fällen entwickelt sich die Galle so nahe an der Basis des Blattstieles, dass dadurch der Stengel in Mitleidenschaft gezogen wird, sich stark krümmt, die weitere Entwicklung desselben gehemmt wird und eine

---

et vertex subtiliter et superficialiter coriacea; mesonotum sparsissime albido-pilosum, in medio glabrum, nitidum et sublaevigatum (valde superficialiter et indistincte coriaceum); scutellum pilosum et rude rugosum; foveolae inter mesonotum et scutellum modice angustae.

Anschwellung des Zweigchenendes entsteht, welche bei oberflächlicher Betrachtung eine täuschende Aehnlichkeit mit einer gekrümmten Galle von *Andricus inflator* hat.

Die Gallwespe erscheint Ende Mai und anfangs Juni.

57. Andricus testaceipes, *Hart.*

Die Galle erscheint im Mai auf *Q. sessiliflora* als Anschwellung des Blattstieles oder eines Theiles der Mittelrippe, in deren Mitte sich die Larvenhöhle findet. In den meisten Fällen jedoch enthält das Gallengewebe noch mehrere zerstreute Innengallen mit je einer Larve von *Andricus noduli* Hart. Ob nun solche Blattstielgallen ursprünglich stets von *A. testaceipes* erzeugt werden und dann erst von *A. noduli* Eier dazu gelegt werden, oder ob *A. noduli* allein solche Gallen am Blattstiele zu erzeugen im Stande ist, ist mir noch unbekannt, obwol ich während der Monate August und September oftmals Hunderte dieser Gallen eingesammelt habe. *A. noduli*, Einmiethler und Schmarotzer habe ich aus denselben gezogen, jedoch noch keinen *A. testaceipes*.

A. petioli, Hart. ist nach den von mir im hiesigen zoologischen Hofkabinete untersuchten Typen: *A. noduli*. Auch die meisten Hymenopterologen halten den aus diesen Blattstielanschwellungen gezogenen *A. noduli* für *A. testaceipes*, von welchem sich ein typisches Stück im hiesigen zool. Hofkabinete vorfindet.

58. Andricus multiplicatus, *Gir.*

Die Galle, welche Ende Mai auf der Zerreiche erscheint, bildet am Ende der Zweige, seltner an der Seite derselben, einen äusserlich aus rudimentären und verkrüppelten Blättern zusammengesetzten Schopf, welcher auf einer unregelmässigen, harten, reichlich behaarten Scheibe aufsitzt und dieselbe umgibt. Auf dieser Scheibe sitzt oben, von den Blattrudimenten versteckt, eine Anzahl kleiner, ziemlich unregelmässig gestellter, länglich-eiförmiger, braungelber Innengallen auf, deren jede eine Larve enthält. Diese interessante Galle erhält wol ohne Zweifel dadurch ihre eigenthümliche Gestalt, dass die Blattpolster noch in der Knospe angestochen wurden und die Axe nicht zur Entwicklung gelangt ist, so dass diese mit den verdickten und miteinander verwachsenen Blattpolstern die Scheibe bildet. Die gelben Gallerzeuger schlüpfen im Juli aus, wärend die Gallen am Baume noch im nächsten Jahre sichtbar sind und in seltenen Fällen nach Verlust aller Blatttheile noch etwas fortwachsen, indem sie einige dornartige Fortsätze bilden und die geöffneten Innengallen unbedeckt aufsitzen haben.

59 Andricus cydoniae, *Gir.*

Ich glaube nicht zu irren, wenn ich die Gallentwicklung dieser Art, welche ebenfalls auf der Zerreiche vorkommt, mit der vorhergehenden in nächsten Zusammenhang bringe und den wesentlichen Unterschied dadurch fixire, dass bei den Gallen von *A. multiplicatus* eine mehr flache Scheibe entsteht und die verkümmerten Blätter die ganze Scheibe umgeben, wärend bei jenen von *A. cydoniae* diese Scheibe sich krugförmig entwickelt, wobei die mehr oder weniger verkümmerten Blätter meist nur am oberen Ende aufsitzen. Die Galle zeigt sich an der Stelle einer Axillarknospe oder an einem Zweigende kugelig oder eiförmig angeschwollen, im Mittel von der Grösse einer Haselnuss, von grüner Farbe, dicht mit ziemlich kurzen, grauen, einfachen und verästelten Haaren bedeckt, an der Basalhälfte gewöhnlich nur mit zerstreuten Knospenschuppen, welche meist auf geschwellten, fleischigen Querleistchen aufsitzen, besetzt, während mehr nach oben auf solchen querleistenförmigen Blattpolstern meist mehrere, gewöhnlich ziemlich oder ganz gut entwickelte Blätter aufsitzen. Die Mündung des Bechers lässt aus der Höhlung einen Büschel verkümmerter, aneinander gedrängter Blätter hervortreten, welche den Eingang in den Hohlraum, sowie auch diesen selbst ganz ausfüllen. Gewöhnlich zeigt sich beim verticalen Durchschnitte recht deutlich, dass der Axentheil der Knospe im Längenwachsthum ganz zurückgeblieben ist und sich in einen Becher umgewandelt hat, von dessen innerer Höhlung unentwickelte Blätter entspringen; ferner, dass sich manche Innengallen aus solchen Blättern gebildet haben; doch sieht man auch oft deutlich, dass die Axe selbst solche Innengallen entspringen lässt, wodurch sich herausstellen würde, dass die Galle eigentlich weder zu den echten Blatt-, noch zu den echten Knospengallen gehöre. Die Wandung ist anfangs ziemlich saftig, wird aber nach und nach fester und trockener. In manchen Fällen ist es schwierig, diese Galle von der des *A. multiplicatus* zu unterscheiden.

Juni. Die Wespen erscheinen in der ersten Hälfte des Monats
Juni.

60. Andricus nitidus, *Gir.*

Von dieser Art liegt mir nur eine einzige von Herrn von Haimhoffen gesammelte Galle vor, welche, obschon sie von der allgemeinen Form abweicht, aus Mangel eines besseren Exemplares abgebildet wurde. Die Galle ist, nach Giraud, an der Unterseite der Blätter von *Q. cerris* an eine Seitenrippe durch ein sehr kurzes, zartes Stielchen befestigt; sie ist vollkommen kugelig (das mir vorliegende Stück quereiförmig) mit einem Durchmesser von 4—6 Millimetern, schön hellgrün und mit kleinen, sehr kurzen, aber sehr dichten, gefilzten Sternhaaren bedeckt. Die Wandung ist ziemlich dick, schwammig, von mässiger Consistenz und begrenzt die Larvenkammer.

Sie findet sich im October, fällt nach etwa 3 Wochen ab und behält am Boden lange Zeit ihr frisches Aussehen, worauf sie grau und endlich braun wird. Dr. Giraud hat die Wespe erst im nächsten August erhalten.

61. Andricus crispator *Tschek.*
(Verh. zool. bot. Ges. 1871.)

Die neu entdeckte Galle findet sich Ende Mai an der Zerreiche; oft sind viele Exemplare in einem Blatte eingewachsen, dass dieses ganz verkrüppelt ist und einen länglichen Ballen bildet, an welchem man nur die Mittelrippe, die Seitenrippen sowie die kleinen hirsekorngrossen Gallen sieht, während das Blattparenchym ganz fehlt; dabei sind die eben genannten Rippen so nach oben eingerollt, wie dies bei den Farnwedeln vorkommt. Sitzen die Gallen nicht dicht gedrängt, so ist auch das Blatt mehr oder weniger entwickelt und die durch das Blatt gewachsenen kugeligen Gallen sieht man so, dass sie an jeder Blattseite halbkugelig vorragen; sind sie aber in die Oberseite der Mittelrippe eingesenkt, was nicht selten vorkommt, so schwillt diese an der Unterseite nicht unbedeutend an, krümmt sich aufwärts und rollt sich mehr oder weniger ein, während die Gallen zwischen den verkrüppelten und meist auch nach oben gebogenen Blattseiten in der dadurch gebildeten Mittellängsfurche liegen. Die Gallen sind anfangs saftig, grün oder roth, an der Unterseite schwach, an der Oberseite viel reichlicher abstehend behaart. Im reifen Zustande sind sie hart und gelb, die nicht an der Mittelrippe sitzenden Gallen werden an der Unterseite des Blattes weniger deutlich, treten aber an der Oberseite des Blattes desto stärker hervor. Beim Durchschnitte zeigt sich eine mit der äusseren Gallensubstanz ganz verwachsene harte Innengalle.

Gegen die Mitte des Juni (im heurigen kalten Sommer noch später) schlüpfen zuerst die dunkelgefärbten Männchen und dann erst die rothgelben Weibchen aus den Gallen.

62. Neuroterus numismatis, Ol.
(*N. Réaumuri, Hart.*)

Diese zierlichste der Linsengallen [1] erscheint im Juli auf *Q. sessiliflora, pedunculata* und *pubescens* an der Unterseite des Blattes, mit welchem sie nur an einem Punkte zusammenhängt, als flache kleine Scheibe; doch bald verdickt sich der Rand, bis die reife, kreisrunde Galle einen Querdurchmesser von etwa 3 Millim. erreicht. Sie ist an der dem Blatte zugekehrten Seite flach, oben jedoch konvex und in der Mitte stark vertieft; ihre braune Oberfläche ist mit hellbraunen, nach aussen gerichteten, anliegenden, seidenglänzenden Haaren bedeckt. Im Innern enthält die Galle eine kleine Larvenkammer. Im October und November fallen die Gallen ab, überwintern am Boden, schwellen daselbst noch an und werden im Februar und März von den Gallwespen durchbohrt.

Sie sind in der Wiener Gegend selten, kommen aber am Leithagebirge ziemlich häufig vor; aus der Budweiser Gegend erhielt ich sie von Herrn Kirchner, aus der Umgegend des Genfer See's von Herrn Forel.

---

[1] Herr Ritt. v. Frauenfeld hat im J. 1856 einen Aufsatz, betitelt: „Die Linsengallen der österreichischen Eichen" im *Bulletin de la Société imp. des naturalistes de Moscou* veröffentlicht, in welchem mehrere Linsengallen beschrieben wurden. Die Zerreichenschlauchgalle gehört der Gallmücke *Cecidomyia circinans*, Gir., die Deckelgalle der Zerreiche der *Cecidomyia cerris* Koll., die Linsengalle der Stieleiche dem *Neuroterus lenticularis* Ol. und die Warzenflachgalle dem *Neuroterus numismatis* Ol. an.

63. Neuroterus lenticularis, *Ol.*
(*N. Malpighii, Hart.*)

Herrn v. Schlechtendal gebührt das Verdienst, die die Linsengallen erzeugenden Gallwespen sicher unterschieden zu haben, wenn auch die Abgrenzung der Gallenarten manches zu wünschen übrig lässt.

Die drei einander sehr ähnlichen Gallenarten sind die von *N. lenticularis*, Ol. (*N. Malpighii*, Hart.), *N. laeviusculus*, Schenck (*N. pezizaeformis*, Schl.) und *N. fumipennis*, Hart. (*Spathegaster varius*, Schenck).

Die Galle von *N. lenticularis* scheint auf *Q. sessiliflora, pedunculata* und *pubescens* vorzukommen (spätere Untersuchungen müssen darüber erst Sicherheit verschaffen, weil bisher die oben bezeichneten 3 Gallenarten möglicherweise mitsammen verwechselt wurden); sie erscheint im Hochsommer, sitzt an der Unterseite des Blattes, ist nicht durch das Blatt gewachsen und besteht anfangs aus einer flachen, dem Blatte anliegenden, am Mittelpunkte mit demselben verwachsenen Scheibe, welche bis 6 Millimeter im Durchmesser zeigt. Sie ist gelb oder roth und mit ziemlich langen, braunen Sternhaaren bedeckt; in der Mitte erhebt sich die Galle allmählich flach kegelig, während die spärlicher behaarte und nahe dem Rande meist weiss gefleckte Unterseite noch ziemlich flach bleibt.

Im October fallen die Gallen ab, lassen am Blatte als Zeichen ihrer früheren Gegenwart nur einen Punkt zurück und überwintern auf der Erde; wärend dieser Zeit schwellen sie linsenförmig an, verlieren viele ihre Haare und bleiben ziemlich saftig, bis die Gallerzeuger, welche im Hohlraume der Galle ohne Innengalle sich entwickelt haben, in der ersten Hälfte des Monats März die Gallen verlassen. Es versteht sich aus dem Gesagten wol fast von selbst, dass die Erzeuger nur dann gezogen werden können, wenn man sie, wie überhaupt die abfallenden Gallen, auf feuchten Sand legt oder erst im Februar auf der Erde unter den Eichen sammelt.

64. Neuroterus fumipennis, *Hart.*
(*Spathegaster varius, Schenck.*)

Die Galle lebt nach v. Schlechtendal auf der Stieleiche und unterscheidet sich von der vorhergehenden durch den mehr oder weniger aufgebogenen Rand, die geringere Grösse, da sie nur einen Durchmesser von 3 Millimetern erreicht, sowie dadurch, dass sie, so lange sie an den Blättern sitzt, bedeutend dünner ist. Auch schreibt mir Herr v. Schlechtendal, dass sie stets röthlicher ist und dass er nie ein Stück gefunden habe, welches das bleiche Gelb der Galle von *N. lenticularis* hatte. Sie ist nur mit kurzen rostrothen Sternhaaren ziemlich spärlich bekleidet und schwellt, abgefallen, stark an der Unterseite an.

Herr v. Schlechtendal erhielt die von der vorigen stark abweichende Wespe von Ende April bis Mitte Mai.

65. Neuroterus laeviusculus, *Schenck.*
(*N. pezizaeformis, Schlechtendal.*)

Sowol Insekten als auch Gallen liegen mir von den beiden Autoren vor, so dass ich die Identität zu constatiren in der Lage bin.

Die Galle weicht nach den mir vorliegenden Stücken von der des *N. lenticularis* Ol. nur dadurch ab, dass sie kleiner (4 Millim.) und spärlich behaart ist. Sie erscheint manchmal auch auf der Oberseite der Blätter. Bei allen mir vorliegenden Exemplaren ist in der Mitte ein mehr oder weniger deutlich abgesetzter Nabel vorhanden, wärend bei der Galle von *N. lenticularis* kein deutlicher Nabel vorkommt. Ihr Rand ist öfters aufgebogen, wodurch es zuweilen schwierig sein dürfte, sie von der Galle von *N. fumipennis* zu unterscheiden. Herr v. Schlechtendal gibt an, dass die abgefallene Galle nach oben stark, nach unten dagegen nur sehr schwach gewölbt sei, aber eben die von ihm erhaltene abgefallene Galle mit dem Flugloche und jene von Herrn v. Heyden zur Ansicht erhaltene Schenck'sche Type, beide sind an der Unterseite stärker gewölbt wie oben. Jedenfalls sind noch weitere Beobachtungen erforderlich, um die drei letzten Gallenarten sicher unterscheiden zu können.

Herr v. Schlechtendal erzog die Wespen aus den im geheizten Zimmer aufbewahrten Gallen Ende Februar.

66. Neuroterus lanuginosus, *Gir.*

Die schöne Galle findet sich an der Unterseite der Blätter von *Q. cerris*, sowol auf Sträuchern als auch auf alten Bäumen. Diese Linsengalle ist mittelst eines kurzen Gefässbündels an das Blatt befestigt und an der Oberseite des Blattes nicht sichtbar; sie ist kreisrund, hat 4 bis 6 Millimeter im Durchmesser, ist im jungen Zustande niedrig, wird aber später 3—4 Millimeter hoch, dabei oben flach und unten mehr oder weniger gewölbt. Die ganze Oberfläche der schönen rothen Galle ist mit weissen, langen, seidenartigen Haaren reichlich bedeckt und, besonders bei jungen Gallen, sind dieselben an der Oberseite der Galle radiär gestellt, und jene Haare, welche an der nabelartigen Mitte der Oberseite entspringen, sind gelbbraun und äusserst dicht gestellt. Im Innern hat sie ein sehr zartes, lockeres Gewebe und enthält eine Larvenkammer.

Im October fällt die Galle ab, nachdem sie etwa einen Monat zu ihrer Reife benöthigt hat. Dr. Giraud hat die Wespe Ende März erhalten.

67. Neuroterus ostreus, *Hart.*

Die kleine Galle entsteht im Juli an der Seite der Mittelrippe auf der unteren Fläche der Blätter von *Q. sessiliflora, pedunculata* und *pubescens;* sie ist anfangs von einem häutigen Mantel bedeckt, welcher sich später in zwei gleiche Theile klappenartig spaltet und vertrocknet, wärend die Galle an Grösse zunimmt und bei gewöhnlich eiförmiger, seltener kugeligen Gestalt oft einen Längendurchmesser von 3·8 Millimeter erreicht. Sie ist glatt, unbehaart, anfangs grün oder gelb und bekommt später oft, besonders der Sonne ausgesetzt, schön rothe oder violette, rundliche Fleckchen oder Punkte, welche in Querreihen gestellt oder gehäuft oder ziemlich gleichmässig vertheilt sind. Sie ist ziemlich hart und enthält eine relativ grosse Larvenkammer ohne Innengalle. Im August und September fallen die Gallen ab und lassen die Klappen am Blatte zurück.

Dr. Giraud erhielt die Erzeuger im Herbste, nachdem er die abgefallenen Gallen eingesammelt hatte.

68. Neuroterus saliens, *Koll.*
(*N. saltans Gir.*)

Die mit der vorhergehenden Art sehr verwandte Galle findet sich in der zweiten Hälfte des Monats September an der Unterseite (seltner an der Oberseite oder am Blattstiele) der Blätter von *Q. cerris*. Sie bricht aus der Mittelrippe und zwar aus einem Längsrisse derselben hervor. Wärend die Galle von *N. ostreus* gewöhnlich einzeln oder zu zweien auf einem Blatte vorkommt, findet sich die von *N. saliens* meist gesellschaftlich und zwar öfters in der Weise, dass die Gallen unmittelbar hinter einander stehend eine fortlaufende Zeile bilden. Sie ist kahl, glatt, wenig glänzend, anfangs grün, dann braunroth, sie hat eine spindelartige Form und wird bis 3 Millimeter lang bei einer Breite und Höhe von 1·2 Millimetern. An der dem Blatte zugekehrten Seite ist sie in ihrer ganzen Länge mitte'st einer schmalen, im Längsrisse der Mittelrippe steckenden Leiste an das Blatt befestigt, wärend bei *N. ostreus* die Galle nur an einem Punkte mit der Mittelrippe zusammenhängt.

Von grossem Interesse ist die Art, wie sich die reife Galle von dem Blatte loslöst, was von dem Willen der in derselben liegenden Larve abhängt. Anfangs October gesammelte, noch am Blatte sitzende Gallen springen nämlich vom Blatte ab, hüpfen und drehen sich, ohne dass die Galle selbst eine Formveränderung erleidet. Diese eigenthümliche Bewegung wird nämlich durch die in der geräumigen Kammer liegende Larve dadurch erzeugt, dass sich diese kreisförmig krümmt, dann rasch streckt und dadurch das Hüpfen der Gallen hervorbringt. Bisher hat nur Dr. Giraud die Wespe erzogen, welche er in wenigen Stücken theils im nächstfolgenden April, theils im nächsten October (also ein Jahr nach dem Abfallen der Galle vom Blatte) erhalten hat.

69. Neuroterus minutulus, *Gir.*

Von dieser Art liegen mir nur zwei Blätter mit den hübschen Gallen aus der Sammlung des Herrn v. Haimhoffen vor.

Dr. Giraud gibt an, dass sich diese Gallen auf der Unterseite der Blätter von *Q. cerris* vorfinden, obschon die mir vorliegenden auf der Oberseite der Blätter an den feinen, netzartig verbundenen Rippchen sitzen. Sie sind kugelig, stecknadelkopfgross (1·2—1·5 Millim. im Durchmesser), mit kurzen, etwas abgerundeten Kegelchen dicht besetzt und von rostbrauner Farbe. Im Innern findet sich eine Larvenkammer. Nach Dr. Giraud zeigt sich diese Galle Ende October.

70. Spathegaster baccarum, *L.*
(*Sp. interruptor Hart.*)

Diese häufigste der Beerengallen, welche im Mai an *Q. sessiliflora, pedunculata* und *pubescens* kurz nach dem Erscheinen der Blätter auf der Unterseite derselben sowie auch auf den Staubblüthen vorkommt, ist sehr saftig, grün (an den Staubkätzchen sitzend meist mehr oder weniger roth), durchscheinend, kugelig, unbehaart und erbsengross, sie ist mit dem Blatte so verwachsen, dass an der Oberseite desselben eine mehr oder weniger konvexe, scharf begrenzte, kreisrunde Scheibe mit einem kleinen Nabel in der Mitte sichtbar ist und welche Scheibe einen Durchmesser von 3·5—5 Millimeter hat. Nur in dem seltenen Falle, wenn die Galle der Mittelrippe aufsitzt, ist sie nicht durch das Blatt gewachsen und an den Staubkätzchen ist sie mit der Blüthenspindel verwachsen. Im Durchschnitte zeigt die Galle ein sehr saftiges, zartes Merenchym, welches in der Mitte als Larvenkammer ausgehöhlt ist. Die auf *Q. pubescens* vorkommenden Gallen sind mit kurzen (etwa 0·3 Millim. langen), sehr zerstreuten, einfachen und verästelten Haaren besetzt, so dass sie sich dadurch den Gallen der nächsten Art nähern.

In der zweiten Hälfte des Monats Mai, mitunter noch anfangs Juni, beissen sich die Wespen durch die Gallen, worauf diese in wenigen Tagen stark einschrumpfen. Nur jene Gallen, welche von Inquilinen bewohnt sind, behalten ihre Form und öfters findet man noch im Herbste trockene, braungelb gefärbte, aber noch ganz kugelige Gallen, welche je eine Pteromalinen-Larve oder Puppe enthalten.

Von Herrn Forel erhielt ich Gallen dieser Art von den Vogesen und vom Genfer See.

71. Spathegaster tricolor, *Hart.*

Obschon der *Sp. tricolor* auf den ersten Blick von *Sp. baccarum* leicht zu unterscheiden ist, so sind doch die Gallen einander sehr ähnlich. Die Galle von *Sp. tricolor* ist ebenfalls kugelig, ebenso mit dem Blatte verbunden, sehr saftig, doch erreicht sie nur einen Durchmesser von höchstens 4·6 Millimeter und ist mit 1—2 Millim. langen, feinen, abstehenden, einfachen, sehr selten verästelten Haaren nicht reichlich besetzt; öfters ist die Kugelform der Galle durch kleine kegelförmige Hervorragungen etwas gestört. Die Scheibe an der Oberseite des Blattes von *Q. sessiliflora*, anf welcher die Galle vorkommt, ist kleiner und weniger gewölbt, als bei der Galle von *Sp. baccarum*. Die Abbildung ist nach Spiritusexemplaren entworfen, welche mir Herr v. Schlechtendal zu senden die Güte hatte. Die Wespe erscheint nach demselben in der ersten Hälfte des Juli, wärend die Galle bereits im Mai zu finden ist.

72. Spathegaster albipes, *Schenck.*

Die in der Wiener Gegend sehr seltene, in Sachsen und Nassau jedoch häufige kleine Galle, welche jenen von *A. burgundus* Gir., und *A. circulans* Mayr, ziemlich ähnlich ist, findet sich sogleich nach dem Hervorbrechen der Blätter von *Q. sessiliflora* am Blattrande oder an der Mittelrippe, so dass aber im letzteren Falle das Blatt gekrümmt und bis zur Mittelrippe ausgeschnitten ist; sehr selten findet sie sich am Blattstiele. Sie ist grüngelb, später gelb, länglich eiförmig, im Mittel 2 Millimeter lang und einen Millim. breit, in der Mitte auf der der Ansatzlinie entgegengesetzten, also freien Seite meist mit einem Wärzchen versehen; ihre Oberfläche ist anfangs abstehend behaart, später meistens kahl. Mit Hülfe einer starken Loupe sieht man die rundlichen Zellen der Galle (welche Prof. Schenck als sehr kleine Höckerchen beschreibt). Beim Durchschnitte zeigt sich, dass die Galle nur aus einer dünnen Zellschichte besteht und eine relativ grosse Höhle für die Larve enthält, welche als vollkommenes Insekt Mitte Mai die Galle durchbricht.

73. Spathegaster verrucosa, *Schlechtendal.*

Von der schönen Galle liegen mir 5 trockene typische Exemplare vor. Sie findet sich, nach Schlechtendal, schon anfangs Mai an den jungen, zarten Eichenblättern (jedenfalls von *Q. sessiliflora* oder *pedunculata*, da keine andere Eichenart um Zwickau vorkommt) und steht in Form, Konsistenz und Behaarung der Galle von *Spathegaster flosculi* Gir. (Giraudi Tschek) zunächst. Sie sitzt auf der Haupt- oder einer Seitenrippe, ist spindelig-walzenförmig, 3·5—5·3 Millimeter lang, bei einem Querdurchmesser von 2—2·4 Millim. und endet kurz- und stumpf-kegelig. Sie ist grüngelb, theilweise röthlich und soll im ersten Jugendzustande blaugrün sein; sie ist mit saftigen bläschenartigen Haaren dicht bedeckt, die beim Eintrocknen eine plattgedrückte Form erhalten; sie ist dünnwandig und schliesst eine grosse Larvenkammer ohne Innengalle ein. Nach v. Schlechtendal erscheinen die Wespen in der Endhälfte des Monats Mai. Es ist sehr wahrscheinlich, dass *Sp. verrucosa* und *Sp. flosculi* derselben Art angehören, denn abgesehen davon, dass die Gallen so ähnlich sind, kann ich die Wespen nicht unterscheiden.[1])

74. Spathegaster vesicatrix, *Schlechtendal.*

Nach drei mir vorliegenden typischen Exemplaren besteht die Galle, welche, nach den Blattstückchen zu urtheilen, auf *Q. sessiliflora* oder *pedunculata* vorkommt, aus einer kreisrunden, 2—3 Millimeter im horizontalen Durchmesser betragenden mässigen Aufblähung des Blattes, so dass die Epidermis der oberen Blattseite etwa 1·3 Millimeter von der der unteren Blattfläche entfernt ist; die grüne oder weissliche Wandung der Oberseite hat in der Mitte ein vorstehendes, kleines, kegeliges Höckerchen, von welchem feine Rippchen radienartig zum Rande der Galle verlaufen. Die Wandung der Unterseite hat in der Mitte kein Kegelchen und nicht so regelmässig verlaufende radienartige Rippchen. Zwischen diesen beiden mässig konvexen Platten lebt die Larve, ohne in eine Innengalle eingeschlossen zu sein. Eine alte Galle, welche einem braunen Blatte eingebettet ist, hat eine braungelbe Farbe, eine viel derbere Oberseite, ist nicht durchsichtig und zeigt auch keine Rippchen; die ebenso gefärbte Unterseite ist ganz flach.

Seit der Publication dieser Galle in der Stettiner entomologischen Zeitung, 1870, pag. 387, hat Herr v. Schlechtendal die Wespe, von welcher mir zwei Exemplare vorliegen, anfangs Juni gezogen. Eine ähnliche, aber doch auffallend verschiedene Blasengalle habe ich auf *Q. pubescens*, sowie eine zweite auf *Q. cerris* gefunden, doch von beiden den Erzeuger nicht erhalten.

---

[1]) Herr v. Schlechtendal gibt bei der Beschreibung der Wespe 15gliedrige Fühler an, doch hat das ♀, wie bei Spath. flosculi, nur 14 deutliche Fühlerglieder, das letzte Fühlerglied besteht bei beiden aus zwei verwachsenen Gliedern.

75. Spathegaster nervosa, *Gir.*

Die seltene Galle findet sich im Monate Mai und anfangs Juni an den Blättern von *Q. cerris* als kugelige, erbsengrosse, an beiden Blattseiten gleichmässig vortretende Anschwellung einer Seitenrippe in der Weise, dass sich entweder die ganze Rippe mit dem daranstossenden Gewebe in die Galle umwandelt, oder dass jener Theil der Rippe, welcher der Mittelrippe' zunächst ist, unverändert bleibt, und nur die Endhälfte zur Gallenbildung verwendet wird. Dadurch geschieht es, dass die äussere Hälfte der Galle (wie meistens bei der Galle des *Andricus curvator*) am Rande des Blattes liegt. Das Ende dieser Seitenrippe findet sich an der Galle stets als kleiner Kegel, oder wenn etwas Blattparenchym hinzutritt, als kleiner Lappen, mitunter zieht sich auch der Blattrand als Saum an der Aussenseite der Galle hin. Die Galle ist, wie die von *Spathegaster baccarum*, durchscheinend grün und wie das Blatt mit sehr kurzen verästelten Haaren nicht dicht bedeckt. Wurde die ganze Seitenrippe zur Gallenbildung verwendet, so ist das Blatt meistens nach der Seite gekrümmt. Der Durchschnitt zeigt ein saftiges Gewebe mit einer Höhlung in der Mitte, in welcher die Larve lebt.

Die Gallwespe erscheint Mitte Juni.

76. ? Cynips marginalis, *Schlechtendal.*

Die unter diesem Namen von Herrn v. Schlechtendal publicirte Galle findet sich nach dessen Angabe Ende April und anfangs Mai, und erreicht ihre Reife anfangs Juni. Die mir vorliegenden typischen Stücke sind an Blättern von *Q. sessiliflora* durch die Blattfläche gewachsen und theils von der Mittelrippe, theils von einer Seitenrippe entspringend. Die Gallen sind ziemlich eiförmig, 3—3·6 Millim. lang und 2—2·5 Mill. dick, im trockenen Zustande grüngelb oder braun (frisch, nach Angabe des Autor's, lichtgrün mit rothen Streifen) und mit schwachen oder starken gerundeten Längsleisten versehen. Die Gallensubstanz ist ziemlich dünn und die Kammer gross. Das eine Exemplar, welches von der Hauptrippe entspringt und durch die starken Längskiele ausgezeichnet ist, hat eine so grosse Ähnlichkeit mit der Galle von *Andricus quadrilineatus Hart.*, dass ich beide von einander nicht zu unterscheiden vermag und die Möglichkeit nicht ausgeschlossen werden kann, dass der Erzeuger *A. quadrilineatus* sei.

Synophrus politus *Hart.* Bei den Knospengallen wurde bereits erwähnt, dass die Galle dieser Art sich in seltenen Fällen an den Blättern der Zerreiche entwickelt. Nach meinen in diesem Jahre Ende Mai gemachten Beobachtungen wäre noch hinzuzufügen, dass die Galle zu dieser Zeit ziemlich reichlich kurz behaart ist, dass von ihr nicht selten Knospenschuppen, Blätter und Nebenblätter entspringen, die Larvenhöhle ziemlich gross ist und eine Scheidung der Wandung in zwei Schichten bereits deutlich ist. Zu erwähnen wäre ferner, dass ich heuer zu der oben erwähnten Zeit auch eine unregelmässig spindelig verdickte, 10 Millimeter lange und 6 Millim. dicke Blütenspindel gefunden habe, deren grüne reichlich behaarte Oberfläche mit den ganz entwickelten Staubblüten (mit aufgesprungenen und entleerten Staubbeuteln) bedeckt war, und welche Blütenspindel beim Durchschnitte dieselben Gewebsschichten, die grosse Larvenkammer und die ganz gleich entwickelte Larve, wie bei den vorher erwähnten, zeigte, so dass nicht zu zweifeln ist, dass diess eine von *Synophrus politus* erzeugte Galle sei.

77. Cecidomyia cerris, *Kollar.*

Die Galle dieser Gallmücke findet sich oft in ungeheurer Anzahl an den Blättern von *Quercus cerris* und erscheint schon anfangs Juni oder noch etwas früher. Sie zeigt sich an der Oberseite des Blattes als eine kleine, etwa 1 Millimeter hohe, kegelartige Blattauftreibung, welche an der Basis einen horizontalen Durchmesser von etwa 2 Millimeter hat; sie ist kahl, grün, später gelb oder gelbbraun. An der Unterseite des Blattes zeigt sich an der entsprechenden Stelle eine kreisrunde, schwach konvexe, vortretende Scheibe von beiläufig 2 Millimeter Durchmesser, mit gelben oder braungelben, abstehenden, feinen, mässig langen Haaren sehr dicht bedeckt. Im Innern findet sich eine Larvenkammer, in welcher die orangerothe Made liegt. Enthält die Galle die Gallmückenmade, und nicht einen Schmarotzer, so hebt sich nach der vollen Reife der Galle, zu Ende Oktober oder im Anfange des November, diese Scheibe wie der eingepasste Deckel einer Büchse ab und die Fliegenmade fällt auf die Erde, um daselbst zu überwintern und sich zu verpuppen, bis sie im Mai als vollkommene Gallmücke die Puppenhülle verlässt. Enthält aber die Galle die Larve einer Schlupfwespe, so fällt der Deckel nicht ab und die ausgebildete Wespe beisst sich an der Oberseite des Blattes an der Seite des Kegels ein rundes Loch, um die Galle zu verlassen.

78. Cecidomyia circinans, *Gir.*

Die Galle findet sich auf der Unterseite (selten an der Oberseite) der Blätter von *Q. cerris*, oft mit der der vorigen Art auf demselben Blatte gemengt. Sie besteht aus einer kreisrunden oder nierenförmig kreisrunden Scheibe, welche etwa 2 Millim. hoch ist und 5—6 Millim. im horizontalen Durchmesser hat, und dicht mit abstehenden gelben oder grauen Haaren bedeckt ist. An der Oberseite des Blattes zeigt sich, der Mitte der Galle entsprechend, ein ringförmiger, meist gelber Wulst, welcher 2—2·5 Mill. im Gesammtdurchmesser hat, und innerhalb desselben eine horizontal gespannte dünne, behaarte Haut, welche zur Zeit der Reife sich von der Mitte aus öffnet und ein Loch bildet, welches in der Axe der Galle in das Innere derselben führt und, sich daselbst spiralig krümmend, in einen kreisförmigen Kanal übergeht, welcher nahe der Peripherie der scheibenförmigen Galle verläuft und die Made enthält.

Die Galle erscheint zur selben Zeit wie die vorige, doch überwintert die Made in der Galle und verlässt sie als Fliege im Monate April auf die Weise, dass sie durch den ringförmigen Wulst an der Oberseite des Blattes austritt, wobei die weisse Puppenhaut zur Hälfte oder noch mehr aus dem Ringe hervorsieht.

Ausser diesen zwei Cecidomyien-Gallen habe ich noch mehrere seltene, ähnliche und wahrscheinlich auch von Gallmücken erzeugte Gallen auf den Blättern der Zerreiche gefunden, jedoch noch keine Erzeuger daraus erhalten.

V. Staubblütengallen.

79. Andricus aestivalis *Gir.*

Die Galle findet sich kurze Zeit nach der Blüte in grösserer Anzahl an der verdickten und verkürzten Blütenspindel von *Q. cerris* in der Weise, dass die Gallen wie die Blüten an derselben vertheilt sind und dadurch ein fast maulbeerfruchtähnlicher Körper entsteht, welcher eine ziemlich eiförmige Gestalt hat, 2—4 Centimeter lang und 1·5—3·5 Centimeter dick ist. Die einzelnen grüngelben oder rothen Gallen sind, besonders an der Basis, mehr oder weniger aneinander gepresst, an der Endhälfte jedoch ganz frei. Im ausgebildeten Zustande ist jede Galle becherförmig, an der Basis dünn, und erweitert sich nach oben allmälich bis zum lappigen Rande; sie ist etwa 1 Centimeter hoch und hat oben am Rande des Bechers beiläufig einen Durchmesser von 6—8 Millimeter. Die untere holzige Hälfte des oben leeren Bechers ist ausgefüllt und enthält einige Larvenkammern. (Dr. Giraud gibt in seinen Signalements an, dass sich nur eine Larvenkammer vorfindet, doch fand ich bei den wenigen mir vorliegenden ganz ausgebildeten Gallen stets mehrere derselben); über dieser Kammer erhebt sich in der Höhlung der Galle (am Grunde des Bechers) ein kegelförmiger Fortsatz. Die nicht vollkommen ausgebildeten Gallen bestehen gleichsam nur aus der Hälfte des Bechers wenn man sich denselben vertikal durchschnitten denkt), und haben eine grosse Aehnlichkeit mit der Schuppe eines Nadelholzzapfens, an dessen Grunde sich statt des Samens die Kammer vorfindet.

Die Gallwespe erscheint Ende Juni und im Juli.

80. Andricus grossulariae *Gir.*

Die Johannisbeergalle, welche Ende Mai ebenfalls auf der Zerreiche vorkommt, verleiht dem Baume, in grossen Massen beisammen, ein fremdartiges Aussehen. Obschon im Allgemeinen selten, finden sich manchmal auf einem Baume Tausende derselben, die durch ihre schöne rothe Farbe und durch die Häufung an einem Kätzchen der Eiche von ferne das Aussehen geben, als wenn sie mit Johannisbeeren übersäet wäre.

Die einzelne Galle ist verkehrt-birnförmig, mit ihrem dicken Theile an der Blütenspindel sitzend, wärend der kegelförmige Theil die Spitze bildet; sie hat eine Länge von 6—7 Millimeter und eine Dicke von 5—7 Millimeter; anfangs ist sie grün, wird dann fast immer roth und endlich bei der Reife braunroth; ihre Oberfläche ist ziemlich glänzend, öfters schwach runzlig, mit sehr zerstreuten und sehr kurzen, einfachen, sowie solchen verästelten Härchen, wie sie an der Blütenspindel und an den Blättern der Zerreiche vorkommen, besetzt; ihre Spitze ist reichlicher behaart.

Beim Durchschnitte zeigt sich ein saftiges Gewebe, nahe der Basis der Galle eine gelbe, ziemlich harte, eiförmige, senkrecht gestellte Innengalle und über derselben ein ziemlich weiter Kanal, welcher bis zur Spitze der Galle reicht. An der Basis der Galle finden sich das Perigon und die Staubgefässe; öfters sieht man aber auch an der Galle selbst Staubgefässe entspringen, so dass man die Galle aus dem Blütenboden entwickelt betrachten muss. Wenn es auch öfters vorkommt, dass an einer Blütenspindel nur einzelne Gallen sitzen, so findet man doch meistens die gewöhnlich mässig verkürzte Spindel mit 5—10 an der dicken Basis dicht aneinander gedrängten Gallen besetzt.

Die Wespe durchbohrt in der Endhälfte des Juni das obere Ende der Innengalle, schiebt sich durch den Kanal und beisst sich an der Spitze der Galle ein Loch zum Austritte. Noch im Herbste findet man manchmal die von den Wespen verlassenen Gallen an den Bäumen.

81. Andricus ramuli *Linné*.
(*Teras amentorum* Hart.)

Die wohl kleine, aber fast immer gehäufte Galle findet sich im Mai an den Staubblütenkätzchen von *Q. sessiliflora, pedunculata*, besonders aber von *Q. pubescens*. An der Stelle der Blütenkätzchen sieht man nussgrosse oder kleinere wollige Massen, welche ganz das Aussehen von in einen Ballen zusammengedrückter weisser oder bräunlichgelber Baumwolle haben. Löst man einen solchen Ballen auseinander, so zerfällt er oft in mehrere kleine Ballen, deren jeder einem Blütenkätzchen angehört. Diese kleinen Ballen enthalten im Innern einen festen unebenen Knollen, welcher aus 10—20 fast hirsekorngrossen und ebenso geformten, harten, braunen, an die ganz verkümmerte Spindel angewachsenen Gallen besteht. Jede dieser kleinen Gallen ist hart, enthält eine Larvenkammer und ist von zahlreichen, sehr langen, ursprünglich saftigen, dann aber bald trockenen, flachgedrückten und gedrehten Haaren in derselben Weise, wie die Baumwollsamen, bedeckt.

Manchmal findet man an einer entwickelten Blütenspindel einzelne oder mehrere zu einem kleinen Knäuel verwachsene, von den Haaren umgebene Einzelgallen, aus welchen ich in manchen Fällen den *A. ramuli* gezogen habe, doch erhielt ich im vorigen Jahre im letzten Drittheile des Mai aus solchen Gallen, welche auf *Quercus sessiliflora* vorkamen, Gallwespen, welche durch schwarzen Kopf und Thorax, einen oben braunen, unten gelben Hinterleib, durch an der Basis gelbe, an der Erdhälfte gebräunte Fühler, sowie durch gelbe Beine ausgezeichnet sind und einer anderen Art angehören, so dass noch weitere Zuchten nöthig sind, bis ich mir darüber Klarheit verschafft haben werde.

Die gelben Gallwespen erscheinen im letzten Drittheile des Mai und anfangs Juni.

82. Andricus amenti *Gir.*

Die kleine unscheinbare Galle findet sich Mitte Mai auf *Q. sessiliflora* und *pubescens*, aus einer Staubblüte hervorbrechend. Sie ist eiförmig, am Grunde stark gerundet, am entgegengesetzten Ende etwas verlängert und stumpfspitzig; sie ist höchstens zwei Millimeter lang und einen Millimeter dick, von anfangs grüner, dann brauner Farbe und mit steifen, einfachen, abstehenden, kurzen und gelben Haaren ziemlich reichlich besetzt. Sie ist trocken dünn und enthält eine grosse Larvenkammer ohne Innengalle. Dr. Giraud's Ansicht, dass sich die Galle aus einem Staubgefässe entwickelt, unterliegt keinem Zweifel, denn oft finden sich noch die manchmal eigenthümlich veränderten Fächer des Staubbeutels (z. B. in der Form von je zwei durch eine Furche getrennten Wülstchen) an den Seiten der oberen Hälfte der Galle, so dass daher der Staubfaden mit dem Connectiv in die Galle umgewandelt ist.

Die Galle erscheint einzeln oder in grösserer Anzahl auf einem Kätzchen mit den Staubblüten, wobei die auch nach dem Verblühen noch gewöhnlich frische und öfters etwas verdickte Spindel nicht selten an der Stelle gekrümmt ist, wo die Gallen aufsitzen.

Die gelben Gallwespen beissen sich in der zweiten Hälfte des Mai, sowie noch anfangs Juni durch die Wandung der Gallen, während diese nebst der Spindel oft noch den ganzen Sommer auf dem Baume bleiben.

83. Andricus occultus *Tschek*.
(Verh. zool. bot. Ges. 1871, pag. 797.)

In der Endhälfte des Mai, wenn die Staubblütenkätzchen von *Q. pubescens* im Allgemeinen entwickelt sind, findet man manchmal auch solche, welche unentwickelt geblieben sind, indem das Blütenkätzchen, wegen Nichtentwicklung der Blütenspindel kugelig ist und an der Basis sowie an den Seiten von den auseinander gedrängten Knospenschuppen mehr oder weniger umgeben wird. Entfernt man nun einen Theil der Staubgefässe und Perigonblätter, so dass dadurch die Blütenspindel blossgelegt wird, so sieht man in der Mitte des Kätzchens 1 bis 3 rothbraune, hirsekorngrosse Gallen meist an der Spitze der nur 2—2·5 Millimeter langen, mässig verdickten Spindel sitzen. Wenn die Blütenknospe mehrere Kätzchen erzeugte, so kann jedes derselben mit 1 bis 2 Gallen besetzt sein oder es bleibt nur das eine oder das andere Kätzchen kugelig, während sich die übrigen nicht mit Gallen besetzten Blütenkätzchen vollkommen entwickeln.

Die Galle selbst ist jener von *A. amenti* sehr ähnlich, sie ist 2—2·5 Millimeter lang, eiförmig, am oberen Ende spitziger als am Grunde, rothbraun, an der Basis kahl oder mit wenigen äusserst kurzen, steifen Börstchen besetzt, an der oberen Hälfte jedoch mit längeren und etwas weicheren rothbraunen und gelben Haaren besonders an der Spitze reichlich bedeckt. Ueberdies sieht man meistens an der Galle einzelne Perigonblätter entspringen, was beweisen würde, dass sich die Galle aus dem Blütenboden entwickle; doch konnte ich noch keine an der Galle entspringenden Staubgefässe entdecken. Die Wandung der Galle ist dünn wie bei der des *A. amenti*, und enthält die Larvenhöhle oder Innengalle.

Die Gallwespe fliegt noch im Mai wärend der Blütezeit aus der Galle.

84. Andricus quadrilineatus Hart., 85. A. pedunculi Schenck.

Prof. Schenck hat im Jahre 1865 in seinen „Beiträge zur Kenntniss der nassauischen Cynipiden und ihrer Gallen" eine Anzahl Gallen-Arten von gleichem oder nahezu gleichem Aussehen aufgestellt, welche auf den Staubkätzchen der Eichen vorkommen und die er fast insgesammt nach einzelnen Stücken aus der v. Heyden'schen Sammlung beschrieben hat. Obschon ich diese Typen durch die Freundlichkeit des Herrn v. Heyden zur Ansicht erhalten habe, so bin ich doch nur in der Lage, Einiges zu rectificiren, da die hieher gehörenden, von mir im vorigen und auch im heurigen Jahre gesammelten Gallen noch immer Larven enthalten und daher keinen Aufschluss geben können.

Die Arten, welche ich hier in Betracht ziehe, sind *Andricus quadrilineatus* Hart., *A. flavicornis* Schenck, *A. pedunculi* Schenck, *A. ambiguus* Schenck und *A. glabriusculus* Schenck. Aus Prof. Schenck's Beschreibungen der Gallen im oben citirten Werke, Seite 111 und 112, könnte man wol meinen, dass die Gallenarten von einander unterschieden seien; doch wenn ich sämmtliche Typen und die von mir auf demselben Baume gesammelten hieher gehörenden Gallen vergleiche, so zeigt sich nicht der geringste wesentliche Unterschied unter denselben. Anders verhält sich aber die Sache, wenn die den betreffenden Gallen beigesteckten Andrici in der Heyden'schen Sammlung in Betracht gezogen werden. Es dürfte daher zweckmässig sein, die Schenck'schen Arten speciell vorzuführen.

A. quadrilineatus. Die Galle ist braun, kahl, eiförmig, 3 Millim. lang und 2 Millim. dick, ihre Oberfläche ist uneben, indem sie von wulstigen, sich mehr oder weniger mit einander verbindenden Längsriefen durchzogen ist (man könnte auch sagen, dass sie ziemlich tiefe, theils unterbrochene und einzelne, theils zusammenfliessende Längsfurchen hat). An der Basis der Galle finden sich noch die vertrockneten Perigonblätter und an dem abgerundeten Ende ist ein ziemlich undeutlicher Nabel. Die Galle ist aufgebrochen und zeigt eine sehr dünne, eiförmige, heller gefärbte Innengalle, welche an ihrer ganzen Oberfläche mit der braunrothen Gallensubstanz eng verwachsen ist. Dass diese Gallensubstanz anfangs saftig war und später beim Eintrocknen die Riefen und Furchen normal entstanden sind, unterliegt keinem Zweifel. Das bei der Galle an denselben Zettel geklebte Insekt ist ein *Andricus* und stimmt vollkommen mit Hartig's Beschreibung des *A. quadrilineatus* überein.

Die Typen von *A. flavicornis* bestehen aus 10 Gallen und einem *Andricus*. Die Gallen sind von der des *A. quadrilineatus* gar nicht zu unterscheiden, welche Ansicht auch Prof. Schenck ausspricht; nur muss ich, der Genauigkeit wegen, bemerken, dass bei einigen derselben die Furchen stellenweise durch vertiefte, convexe Flächen ersetzt sind, indem sich an diesen Stellen beim Eintrocknen die Gallensubstanz flach an die Innengalle angelegt hat, was bei anderen einschrumpfenden Gallenarten ebenso in verschiedener Weise vorkommt und was ich nur wegen einer später angeführten Galle hier schon besprochen haben möchte. Der typische *Andricus* ist eine von *A. quadrilineatus* bedeutend abweichende Art. Da es nun wol möglich wäre, aber nicht wahrscheinlich ist, dass zwei bedeutend von einander abweichende Insekten genau dieselbe Gallenart an demselben Pflanzentheile erzeugen und da nun die Art bereits aufgestellt ist, so mögen, bis zur näheren Aufklärung durch die Zucht, die beiden Arten als selbstständig beihehalten bleiben, da ich keinen Grund habe, die Genauigkeit des verstorbenen Senators v. Heyden anzuzweifeln.

Von *A. pedunculi* liegen mir die Typen, je eine Galle und ein Insekt an demselben Zettel, aus der v. Heyden'schen Sammlung vor. Die Galle stimmt mit jenen Stücken von *A. flavicornis*, welche statt der Furchen schmale vertiefte Flächen zwischen den Riefen haben, vollkommen überein. Der *Andricus* (ein Weibchen) sollte nach Prof. Schenk's Beschreibung von *A. flavicornis* bedeutend abweichen, doch habe ich trotz genauer Untersuchung keine Unterschiede gefunden; so z. B. gibt Prof. Schenck an, dass die Fühler beim Weibchen des *A. pedunculi* 14gliedrig, bei *A. flavicornis* 13gliedrig seien, doch hat auch das erstere nur 13gliedrige Fühler, Thorax und Hinterleib sollen nach Schenck bei *A. pedunculi* schwarz sein, doch sind sie ebenso gefärbt wie bei *A. flavicornis*, das Schildchen soll am Ende mehr oder weniger zugespitzt sein, doch zeigt sich an dem typischen Stücke nur eine höchst unbedeutende partielle Erweiterung einer Runzel, welche wol nur ganz unwesentlich ist. Da nun weder die Galle noch das Insekt der Art *A. pedunculi* von *A. flavicornis* sich unterscheidet, so kann ich sie nur als eine Art betrachten, welche den Namen *A. pedunculi* zu führen hat, da Schenck diese Art zuerst beschrieben hat.

Von *A. ambiguus* ist nur die Galle bekannt. Prof. Schenck war so freundlich, mir die Typen zu senden, welche aber von den vorigen hier angeführten Gallen nicht wesentlich abweichen, ausser etwa dadurch, dass sie noch roth gefärbt und unreif sind, und überhaupt ein frischeres Ansehen haben. Ein Stück derselben stimmt mit der von Schenck gegebenen Beschreibung überein, indem es sich mehr der Kugelform nähert und mit unregelmässigen, wellenförmigen, schmalen und scharfen Längsrippen versehen ist, daher viel unreifer ist als das zweite Stück, welches dicke, wulstige, regelmässige, gerade Längsrippen und zwischen denselben schmale Längsfurchen aufweist, sowie es auch eine gestrecktere Form hat.

A. glabriusculus ist ebenfalls nur als Galle bekannt, von welcher mir die fünf Typen aus der v. Heyden'schen Sammlung vorliegen. Zwei Stücke stimmen mit den Gallen von *A. quadrilineatus* und *pedunculi* vollkommen überein, ein drittes Stück besteht fast nur aus der Innengalle, indem der grösste Theil der Gallensubstanz verloren gegangen ist; zwei Stücke zeichnen sich dadurch aus, dass sie nur feine, unregelmässige, schwach erhöhte Riefen haben, welche in der Längs- und schiefen Richtung verlaufen, so dass diese Stücke den Uebergang zu der nächsten, obwol auch zweifelhaften Art (*A. verrucosus*) bilden.

Die von mir auf *Q. pedunculata* gesammelten (oben erwähnten) Gallen kann ich nach dem Angegebenen so lange nicht zu *A. quadrilineatus* Hart. oder *pedunculi* Schenck stellen, bis es mir gelungen sein wird, die Gallwespen zu ziehen. Diese im Mai gefundenen Gallen waren im frischen Zustande saftig, zeigten noch keine Riefen, aber bereits einzelne, theils seichte, theils tiefere Längsfurchen, welche letzteren aber erst nach mehreren Tagen auftraten. Jetzt haben sie dasselbe verschiedene Aussehen, wie die Schenck'schen Typen.

86. A. verrucosus, *Schenck.*

Die typische Galle aus der v. Heyden'schen Sammlung ist braun, eiförmig, hat 5·2 Millim. im Längen-, und 3·5 Millim. im Querdurchmesser, ihre Oberfläche zeigt weit von einander abstehende, zarte, ziemlich undeutliche, schwach erhöhte Längsriefen und unregelmässig gestellte Wärzchen, ihre Spitze trägt ein vorstehendes Wärzchen; sie sitzt auf der Blütenspindel auf und lässt an ihrer Basis noch Reste von Perigonblättchen und Staubgefässen erkennen.

Ob diese Galle einer selbstständigen Art angehöre, oder als eine durch Synergen umgeänderte Galle von *A. quadrilineatus* oder *pedunculi* zu betrachten sei, ist nicht zu entscheiden, da aus dieser Galle nur ein Synergus hervorgekommen ist.

87. Neuroterus Schlechtendali *nov. spec.* [1])

(*Andricus burgundus Schlechtendal.*)

Die sehr kleine Galle findet sich im Mai wärend der Eichenblüte an den Staubblüten von *Q. sessiliflora, pedunculata* und *pubescens*. Sie besteht in einer grüngelben Anschwellung des Staubfadens und Connectivs, so dass dadurch die Fächer des Staubbeutels unten mehr, oben weniger oder nicht auseinander gedrängt werden.

Der Staubfaden erreicht gewöhnlich einen Querdurchmesser von einem Millimeter oder etwas mehr; die Kammer

---

[1]) *Femina: Long. 0·9—1·1 Millim. Nigra, nitida, mandibulis, antennarum dimidio basali pedibusque rufo-testaceis, antennarum dimidio apicali, plerumque femoribus et saepe tibiis infuscatis, coxis fuscis; antennae 13articulatae, articulo secundo ovato primo aequilongo, articulo tertio quarto paulo longiore; frons, vertex, mesonotum et abdomen polita et nitidissima, mesonotum sulcis duobus indistinctis abbreviatis aut nullis; scutellum punctato-rugulosum in medio antice sublaevigatum.*

Das Endglied (das 13. Glied) erweist sich bei manchen Exemplaren recht deutlich aus zwei mitsammen verwachsenen Gliedern gebildet, wärend diess bei anderen nicht sichtbar ist.

Durch die nur 13gliedrigen Fühler unterscheidet sich diese Art von allen bisher bekannten Arten, insoweit deren Fühlergliederzahl bekannt ist. Eine Abtrennung dieser Art von Neuroterus scheint mir aber nicht gerechtfertigt, da sich sonst keine wesentlichen Merkmale finden lassen und die Art auch nur eingeschlechtig zu sein scheint.

ist bei der reifen Galle von einer ziemlich harten Schale als Innengalle umgeben, an welche sich der fleischige Theil der Galle beim Eintrocknen anlegt.

Nach dem Verblühen der Staubkätzchen, wenn die Blütenspindeln im Allgemeinen eintrocknen, bleiben gewöhnlich jene, auf welchen sich diese Gallen besonders in mehreren Exemplaren finden, noch grün und zu dieser Zeit fallen die Gallen zur Erde, so dass, wenn man mit vielen solchen Gallen besetzte Bäume schüttelt, unzählige derselben herabfallen. Am 22. Mai d. J. habe ich in der Brühl bei Wien einige dieser Gallen gefunden, am 25. Mai am Leopoldsberge bei Wien jedoch unzählige und zwar die meisten auf *Q. pubescens.* Mehrmals fand ich auf demselben Blütenkätzchen die Gallen von Neur. *Schlechtendali* und *Andricus amenti* beisammen. Herr v. Schlechtendal fand die Gallen am 7. Mai 1869, bewahrte sie auf nassem Sande und erhielt die kleinen Gallwespen am 28. Juli desselben Jahres.

Spathegaster bacearum L. Die erbsengrosse, ziemlich stark geröthete Galle, von welcher oft mehrere Stücke an einer entwickelten Blütenspindel sitzen, wurde bereits bei den Blattgallen besprochen.

88. ? Cynips seminationis *Gir.*
(*? Cynips inflorescentiae Schlechtendal.*)

Die Galle, welche nach Dr. Giraud auf *Q. pedunculata* vorkommt und mit der Galle von *Aphilothrix callidoma* viele Aehnlichkeit hat, entspringt aus einer Staubblüte auf einer verdickten Blütenspindel; sie ist gerstenkorngross oder kleiner, spindelförmig, gestielt oder sitzend, mit vielen oder wenigen, starken oder schwachen, oft ganz undeutlichen Längskielen versehen, die grüne, später braune, manchmal (bei *C. inflorescentiae*) mit rothen Längsstreifen versehene Galle ist meist mit abwärts gerichteten, blassen, kurzen Haaren zerstreut besetzt und hat an der Spitze eine Warze, deren Basis von einem dichten Haarkranze umgeben ist.

Nach Dr. Giraud fällt die Galle in der zweiten Hälfte des Mai ab. Die Wespe ist noch unbekannt.

VI. Fruchtgallen.

89. Cynips caput medusae *Hart.*

Die auffallende grosse Galle, welche in der Wiener Gegend oft in solchen Mengen auf den Bäumen von *Q. sessiliflora* und *pubescens* vorkommt, dass die jungen Zweige derselben reichlich mit jenen besetzt und mehr oder weniger herabgebogen sind, zeigt sich schon im Mai bei der Entwicklung der Fruchtblüten als eine rothe, aus einer Seite des Bechers sich entwickelnde dicke Scheibe, welche zuerst am Rande kegelige Fortsätze treibt, sehr bald aber wachsen auch aus der oberen Scheibenfläche zahlreiche, dick-fadenförmige, am Ende spitzig zulaufende, mehr weniger gekrümmte Fortsätze aus, welche mit den Armen vieler Actinien grosse Aehnlichkeit haben. Im weiteren Verlaufe wächst die Scheibe nicht weiter, sondern krümmt sich mit ihren Rändern nach abwärts gegen ihre Unterlage, wärend die Fortsätze fortwachsen und zahlreiche, fadenförmige Seitenästchen erhalten und sich nach allen Richtungen ausbreiten, so dass die Scheibe vollkommen verdeckt und bei der reifen Galle kaum mehr als solche erkannt werden kann.

In der Mitte der Scheibe entwickelt sich eine dünnwandige, quergestellte, einkammerige Innengalle, welche im reifen Zustande mit dem umgebenden Gewebe nicht verwachsen ist.

Oft wachsen mehrere Gallen so nahe beisammen, dass sie wie eine einzige faustgrosse Galle erscheinen.

Die Reife tritt zu Anfang des Winters ein, im Verlaufe der kalten Jahreszeit fällt ein grosser Theil der Gallen ab, aber viele bleiben, und aus beiden kommen im Monate Februar die Gallwespen hervor. Am besten erhält man dieselben, wenn man Ende Jänner die Innengalle aus den im Freien gelegenen Gallen auslöst und aufbewahrt.

90. Cynips calicis, *Burgsdorff*.

Die allgemeine gekannte Knopper, welche auf *Q. pedunculata* (und nach von Schlechtendal auch auf *Q. sessiliflora*) vorkommt, hat mit der vorhin beschriebenen Art die nächste Verwandtschaft. Sie entwickelt sich im Anfange des

Sommers zwischen dem Fruchtknoten und dem Becher am Grunde des letzteren, bildet anfangs einen umgekehrten Kegel oder eine dicke Scheibe, welche nach und nach halbkugelig wird und radienartig gestellte, starke Kiele und seitlich flachgedrückte, am Ende abgerundete Kegelchen entwickelt, wobei sich der Rand der Scheibe immer mehr nach abwärts krümmt und den Becher mehr oder weniger umschliesst. Der Mittelpunkt, von welchem die radial gestellten Kiele abgehen, und welcher der Spitze der Galle entspricht, trägt ein Loch, welches die Mündung einer Höhlung bildet, die durch eine quere Scheidewand von einer zweiten der Basis der Galle zunächstliegenden Höhle getrennt ist. In dieser unteren Höhlung liegt die einkammerige Innengalle ziemlich lose.

Die Gallwespe durchbricht im Februar oder März die Innengalle, sowie die quere Scheidewand und verlässt die Galle durch das Loch an der dem Ansatzpunkte der Galle entgegengesetzten Stelle.

91. Spathegaster glandiformis, *Giraud*.

Die Galle entwickelt sich anfangs Mai aus den Fruchtblüten der Zerreiche, hat in der ersteren Zeit fast vollkommen das Aussehen einer normalen Fruchtblüte und ist Mitte Mai fast nur dadurch von dieser zu unterscheiden, dass die Galle meistens schon mehr oder weniger roth gefärbt, besonders aber stets viel grösser ist als die Fruchtblüte zu dieser Zeit. Allmälich nehmen die Gallen an Grösse zu, so dass sie erbsen- oder fast haselnussgross werden, die linearen Hochblätter verlängern sich und entspringen meistens ziemlich gleichmässig an der ganzen Oberfläche der nahezu kugeligen Galle. Selten bleibt die Galle ganz grün, denn meistens röthen sich die Hochblätter mehr oder weniger, oder die ganze Galle bekommt eine rothe Farbe. Der Griffel mit der Narbe ist stets erkennbar, wenn auch diese nicht immer die dem Ansatzpunkte am Stengel entgegengesetzte Stelle einnehmen. Beim Durchschnitte zeigt sich, dass sowol der Fruchtbecher, als auch der untere Theil des Fruchtknotens in ein grünes, saftiges Merenchym, in welchem mehrere Larvenkammern liegen, umgewandelt sind.

Die Wespe erscheint Ende Mai und anfangs Juni, obschon ich einmal bereits am 19. Mai solche erhalten habe.

92. Andricus glandium, *Giraud*.

Wenn man im Herbste die abgefallenen Eicheln der Zerreiche durchschneidet, so findet man oft innerhalb der Fruchtschale auffallend starke Verdickungen der braunen Samenhaut, welche einen Theil des Samens verdrängen und im Durchschnitte weisse, harte, eiförmige oder polyedrische, etwa hanfkorngrosse Innengallen zeigen, die durch ein weniger hartes Gewebe mitsammen verbunden sind und in deren jeder eine Gallwespenlarve liegt. Manchmal findet man die Samenhaut nur durch eine einzige Galle an einer Stelle verdickt, mitunter ist aber der Same vollkommen verdrängt und die ganze Eichel mit diesen Gallen angefüllt.

Herr v. Haimhoffen hat einige Weibchen erst aus drei Jahre alten Gallen erhalten.

Die von mir am 28. September 1869 gesammelten habe ich seit dieser Zeit trocken liegen und lege sie nur zeitweilig einige Stunden lang in's Wasser. Jene, die ich im jüngst verflossenen Herbste eingesammelt habe, liegen im feucht gehaltenen Sande, ganz von diesem bedeckt. Ich habe von keiner dieser Gallen seither ein Insekt erhalten, obwol die Larven noch grösstentheils lebend sind.

? Cynips superfetationis *Gir.* Diese Galle, deren Erzeuger noch nicht entdeckt ist, ist mir unbekannt und ich verweise daher auf die Beschreibung in Dr. Giraud's: „Signalements etc." (Verh. d. zool. bot. Ges. 1859, pag. 372).

Nachträge.

Zu den Wurzelgallen.

Zu *Aphilothrix radicis*: Im heurigen Jahre habe ich die saftige, kartoffelartige Galle, welche bereits wallnussgross war, schon am 30. April gefunden, so dass daher die Wespe wol schon viel früher als im April ihre Galle im Freien verlassen muss, um die Eier abzulegen.

Zu den Rindengallen.

93. Cynips ramicola *Schlechtendal*.

Auf der 7. Tafel dieser Abhandlung findet sich die Abbildung der typischen Stücke, welche ich Herrn v. Schlechtendal verdanke. Ich halte es für wahrscheinlich, dass diese Rindengallen unentwickelt sind, da sie mit solchen sehr übereinstimmen, die in meiner Sammlung mit Gallen von *Aphilothrix Sieboldi* gemischt, auf demselben Aste vorkommen und auf der 1. Tafel, Fig. 5 in der Mittellinie des vertical gestellten Astes gezeichnet sind.

Zu **Aphilothrix corticis**: Im Juli des vorigen Jahres habe ich einige frische Gallen gefunden. Am 20. November 1870 öffnete ich eine derselben und fand darin eine todte Gallwespe; ich legte die übrigen Gallen auf feuchten Sand und schon am nächsten Tage kamen zwei Wespen hervor.

Zu den Knospengallen.

94. Aphilothrix albopunctata *Schlechtendal*.

Die Galle entwickelt sich im Monate April aus Knospen letztjähriger Zweige von *Q. pubescens, pedunculata* und *sessiliflora*; sie ist länglich — eiförmig, 5—6·6 Millim. lang und 3—4 Millim. dick, kahl, grün (später oft braungelb), mit weisslichen, der Länge nach gestellten länglich ovalen Fleckchen mehr oder weniger versehen, hat an der Spitze einen kleinen (manchmal undeutlichen), braunen, gut abgesetzten Nabel und ist an der Basis von den Knospenschuppen umgeben. Die Galle zeigt beim Durchschnitte eine äussere, anfangs etwas saftige, bald trocknende Schichte, welche die ziemlich dickwandige, holzige Innengalle umgibt und mit ihr verwachsen ist.

Sie fällt in der ersten Hälfte des Mai aus den Knospen und lässt nach v. Schlechtendal Ende November die Wespe entschlüpfen.

Prof. Schenck hat diese Galle schon im Jahre 1865 in seinen Beitr. z. Kenntniss d. nass. Cynip. pag 116 Nr. 43, beschrieben, jedoch aus den von ihm gefundenen Gallen nur Synergen erhalten. Ich selbst habe sie am 15. April 1869, im vorigen Jahre anfangs Mai auf *Q. pubescens* und *sessiliflora*, sowie auch im heurigen Jahre gefunden, die Gallwespe aber noch nicht erhalten.

Zu **Aphilothrix globuli**: Im Oktober fällt die Galle, wärend sie noch frisch und saftig ist, ab, um am Boden zu überwintern.

Zu **Aphilothrix Clementinae**: Am 2. Oktober 1870 fand sich die noch grüne Galle bei Gutenstein in Niederösterreich in grossen Massen am Boden unter riesigen Bäumen von *Q. sessiliflora*; einige Gallen fanden sich noch an den Bäumen an der Basis von Knospenschuppen umgeben. Von Hunderten dieser Gallen erhielt ich am 23. März d. J. eine einzige Gallwespe, so dass ich wol eine grössere Anzahl derselben im Herbste erwarten kann, da die Larven vollkommen frisch sind.

95. Andricus singularis *nov spec.* [1])

Die Galle, welche ich erst im heurigen Jahre in der ersten Hälfte des Juni in grösserer Anzahl in den Umgebungen von Wien gefunden habe, entwickelt sich aus einer Axillar-, seltener einer Terminalknospe von *Q. cerris*. Sie besteht aus einer grünen, mehr oder weniger kugeligen, gewöhnlich erbsengrossen, mässig behaarten Anschwellung, aus welcher 2—4 meist entwickelte, oben noch mehrere sehr kleine rudimentäre Blätter entspringen. Durchschneidet man die Galle in senkrechter Richtung, so zeigt sich, dass dieselbe aus einem dickwandigen Becher besteht, dessen kleine Höhlung von einer einzigen braunen, ziemlich harten Innengalle ausgefüllt ist, deren Spitze nur oben frei ist, wärend sie sonst von allen Seiten von dem grünen fleischigen Becher umhüllt ist. In seltenen Fällen setzt sich das Zweigchen, vom Rande des Bechers aus, fort und treibt Blätter.

Aus den gesammelten Gallen kamen die Wespen in der Mitte Juni hervor, obschon ich bereits am 8. Juni einige Gallen

---

[1]) *Long. maris 2.5, feminae 2.8 millim. Niger, pedibus rufis, coxis atque tarsorum articulo apicali nigris, antennis articulis basalibus partim et abdomine infra rufescentibus; frons, vertex et mesonotum coriacea, hoc sulcis duobus convergentibus distinctissimis; antennae maris 14 -, feminae 13 articulatae.*
Diese Art unterscheidet sich von *A. cydoniae* durch die Fühler, welche bei beiden Geschlechtern fast ganz schwarz und beim Männchen deutlich länger und viel dünner sind als beim Männchen von *A. cydoniae*.

gefunden habe, welche bereits leer waren; auch könnte es leicht möglich sein, dass die gewöhnliche Flugzeit früher fällt, da bei dem heurigen regnerischen Frühlinge die Gallwespen überhaupt später erscheinen als diess in den früheren Jahren der Fall war. Der *A. singularis* beisst sich durch das obere spitzige Ende der Innengalle das Flugloch, so dass man an den Gallen dasselbe oft sehen kann, ohne dass man die Blattrudimente auseinanderlegt. Bald nach dem Ausschlüpfen der Wespe trocknen die rundimentären Blätter ein und werden gelb; die kugelige Galle schrumpft stark ein und fällt, wenigstens nach meiner Beobachtung, in vielen Fällen ab. Die Galle habe ich anfangs für eine sehr kleine Form jener von *A. cydoniae* gehalten, mit welcher sie eine sehr grosse Aehnlichkeit hat, doch weicht sie von der letzteren dadurch ab, dass sie stets viel kleiner ist und stets nur eine einzige centrale Innengalle enthält. Eine Vergleichung der Gallwespen der beiden Arten lässt es durchaus nicht zweifelhaft, dass hier zwei verschiedene Arten vorliegen. Wenn auch bei der neuen Art die Blattpolster zur Bildung der Galle mehr oder weniger in Mitleidenschaft gezogen werden, so muss dieselbe dennoch zu den Knospengallen gestellt werden, da hier die Axe der Knospe selbst in die Innengalle umgewandelt wurde; auch steht die Galle im anatomischen Baue mit jener von *Andricus inflator* in nächster Verwandtschaft, indem sie von dieser nur dadurch abweicht, dass die Innengalle die ganze, nur kleine Höhlung des kurzen Bechers ausfüllt, wärend bei der Galle von *A. inflator* die Innengalle nur am Grunde der grossen kanalförmigen Höhlung des langen Bechers liegt.

Spathegaster flosculi *Giraud* (*Ann. Soc. ent. Fr. 1868, pag. LIV*). Von Herrn v. Haimhoffen erhielt ich eine Galle nebst Wespe zur Ansicht, welche demselben vor mehreren Jahren von Dr. Giraud als *Sp. flosculi* determinirt wurden. Da nun sowol diese Galle als auch das Insekt mit jenen von *Sp. Giraudi Tschek* vollkommen übereinstimmen, so muss der letztere einige Monate jüngere Name dem älteren *Sp. flosculi* weichen. Zu erwähnen wäre ferner, dass die Galle sich auch öfters aus Adventivknospen entwickelt.

96. Spathegaster Taschenbergi *Schl.*

Die mir vorliegenden typischen Gallen stimmen in Form, Grösse und Consistenz mit der Galle von *Spath. flosculi Gir.* (*Giraudi Tschek*) überein, weichen aber durch die Behaarung ab, indem diese bei der Schlechtendal'schen Art (im trockenen Zustande) mit dunkelvioletten, von der Oberfläche der Galle senkrecht abstehenden, geraden, viel kürzeren, steifen und am Ende ziemlich spitzigen Haaren dicht besetzt sind, wärend dieselben bei der Galle von *Sp. flosculi* (im trockenen Zustande) grüngelb, röthlich oder braungelb gefärbt, mehr oder weniger gebogen, mässig lang, weich und zottig sind, sowie auch theilweise in der Form sehr schmaler, dünner Streifen oder Bänder (wegen Wasserverlust beim Vertrocknen) auftreten.

Herr v. Schlechtendal corrigirt in einem Briefe an mich seine vorige Angabe, dass die Gallen auch an jungen letztjährigen Zweigen vorkommen.

Wenn auch die Galle von *S. Taschenbergi* jener von *S. flosculi* sehr nahe steht und die Wespen beider Arten nur durch unbedeutende Merkmale von einander abweichen, so halte ich es doch für richtiger, beide als selbstständige Species aufzufassen, bis genauere Beobachtungen vorliegen.

Cynips majalis Gir. (*Ann. Soc. ent. France 1868, pag. LIII*). Die Galle ist mir unbekannt.

Bei den Knospengallen Seite 28 ist der Name **Dryoteras** in *Andricus terminalis* umzuwandeln, da ich bei genauem Vergleiche nahestehender Arten gefunden habe, dass die Gattung *Dryoteras* nicht beibehalten werden kann.

In der Erklärung der I. Tafel ist Nr. 8 *Dryophanta* statt *Dryocosmus* zu setzen.

Cynips tegmentorum Schlechtendal und *C. fasciata Schl.* sind gleich *Aphilothrix collaris*.

I. Tafel.

1. Gallen von *Aphilothrix radicis* und im Durchschnitte.
2. „ „ *Biorhiza aptera.*
3. „ „ *Aphilothrix corticis,* von oben und von der Seite.
4. „ „ *Aph. rhizomae.*
5. „ „ *Aph. Sieboldi.*
6. „ „ *Cynips cerricola,* einzeln von hinten, gehäuft und im Durchschnitte.
7. „ „ *Dryocosmus cerriphilus.*
8. „ „ *Dryocosmus macroptera* und im Durchschnitte.
9. „ „ *Andricus noduli* und im Durchschnitte.

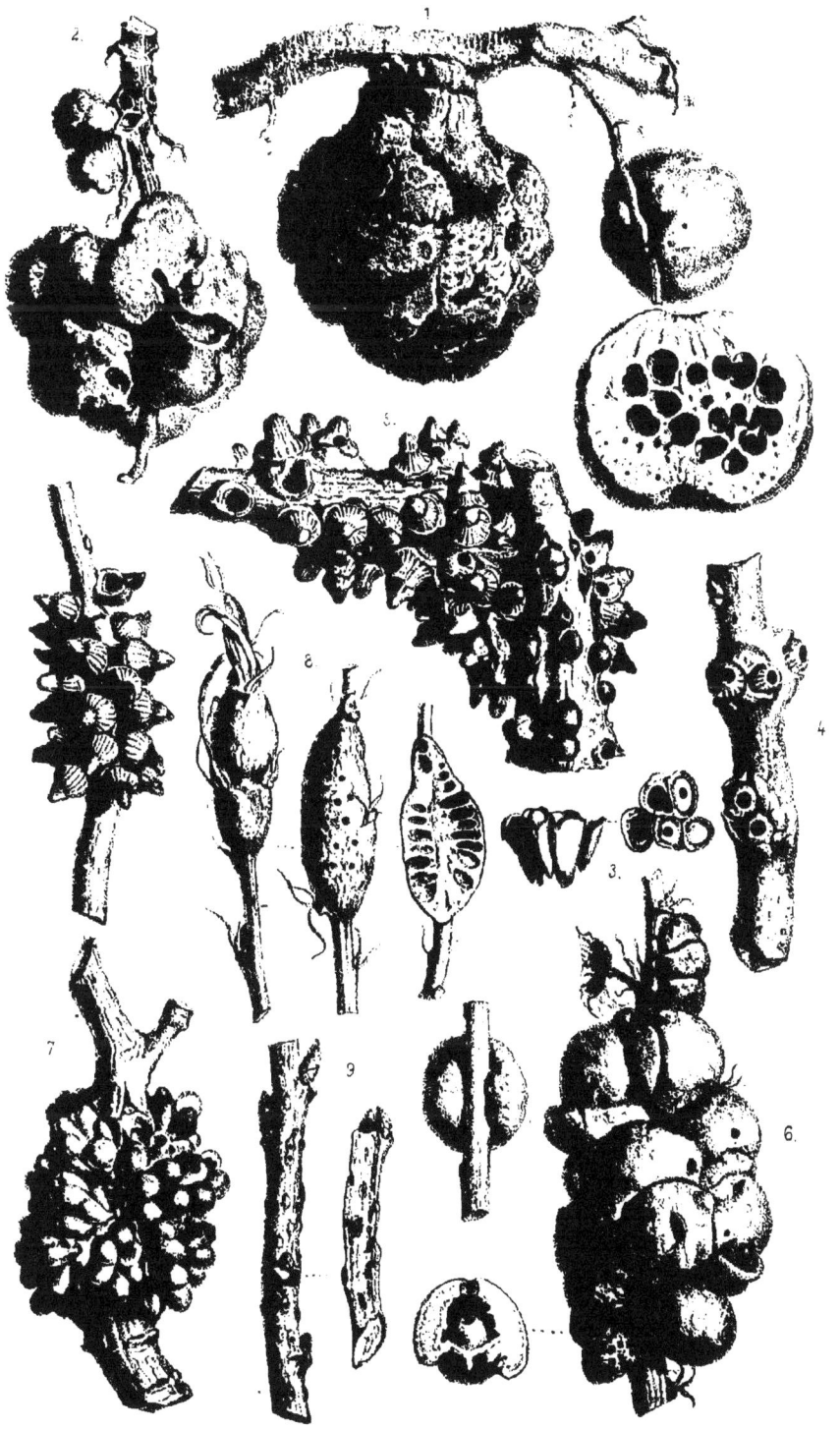

Strohmayer ad Natur. k.k.Hof-Kunstdruckerei von Reiffenstein & Rösch in Wien.

II. Tafel.

10. Galle von *Cynips Hartigi* und im Durchschnitte.
11. Gallen von *Cyn. truncicola*, von oben, von der Seite und vergrössert, einige untere Façetten.
12. „ „ *Cyn. conifica* von oben, von der Seite von unten und im Durchschnitte.
13. „ „ *Aphilothrix serotina*, zwei Fäden vergrössert.
14. „ „ *Trigonaspis megaptera*.
15. Galle von *Cynips argentea* und im Durchschnitte.
16. „ „ „ *hungarica* „ „ „
17. „ „ „ *tinctoria* „ „ „
18. Gallen von *Cyn. Kollari* „ „ „
19. „ „ „ *lignicola* „ „ „
20. „ „ „ *conglomerata* „ „

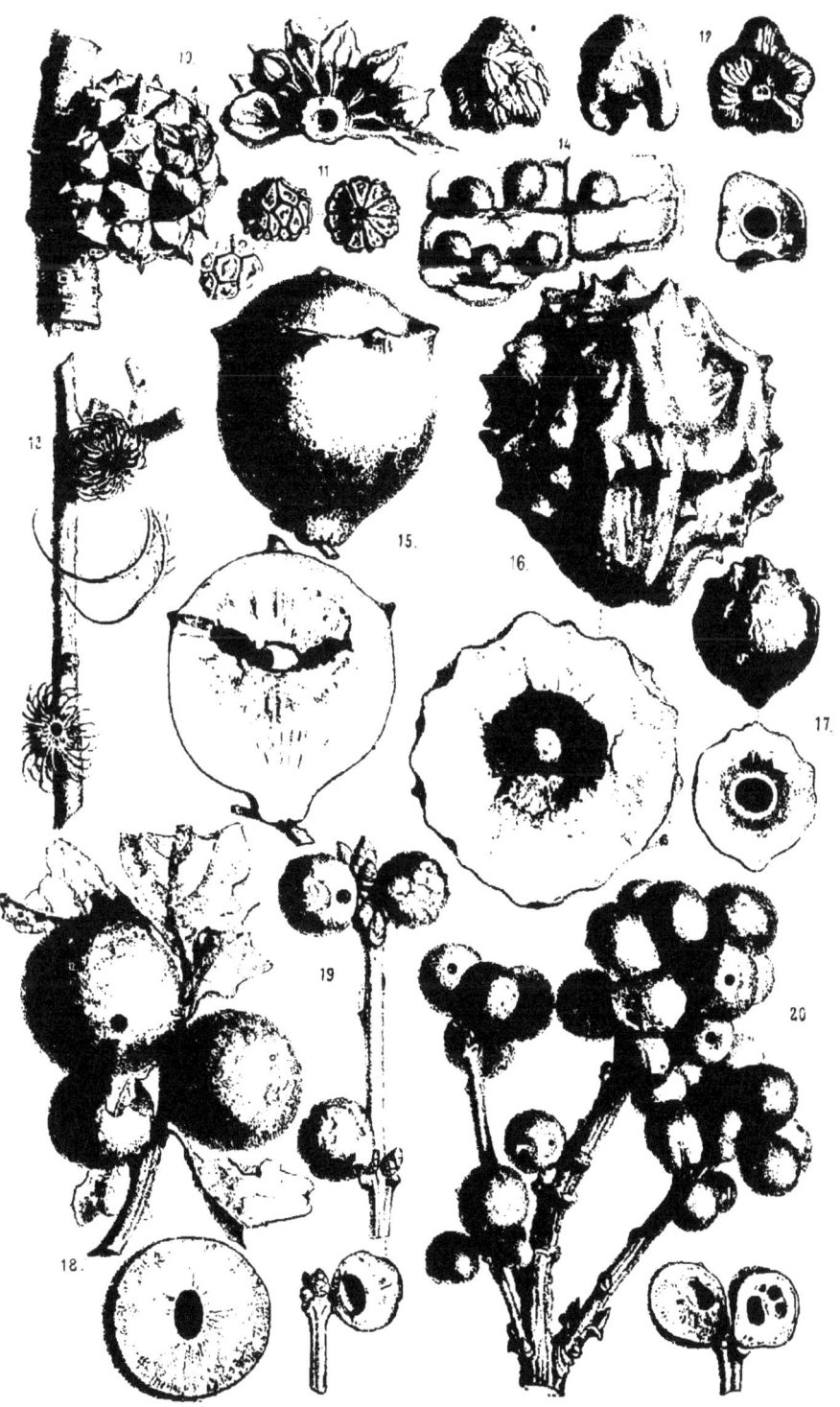

Strohmayer ad Natur. K. k. Hof-Kunstdruckerei von Reiffenstein & Rosch in Wien.

III. Tafel.

21 a. Gallen von *Cynips glutinosa* und im Durchschnitte.
21 b. „ „ „ „ *var. coronata.*
21 c. „ „ „ „ *var. mitrata.*
21 d. „ „ „ „ „ „ abweichende Form.
22. „ „ „ *coriaria* und im Durchschnitte.
23. „ „ „ *polycera* „ „ „
23 a. „ „ „ „ *var. subterranea.*
24. „ „ „ *caliciformis* und im Durchschnitte.
25. „ „ „ *amblycera.*
26. „ „ „ *galeata* und im Durchschnitte.
27. „ „ *Aphilothrix lucida* und im Durchschnitte.
28. „ „ „ *gemmae*, mit Durchschnitt und Innengalle.
29. „ „ *Aphil. solitaria.*

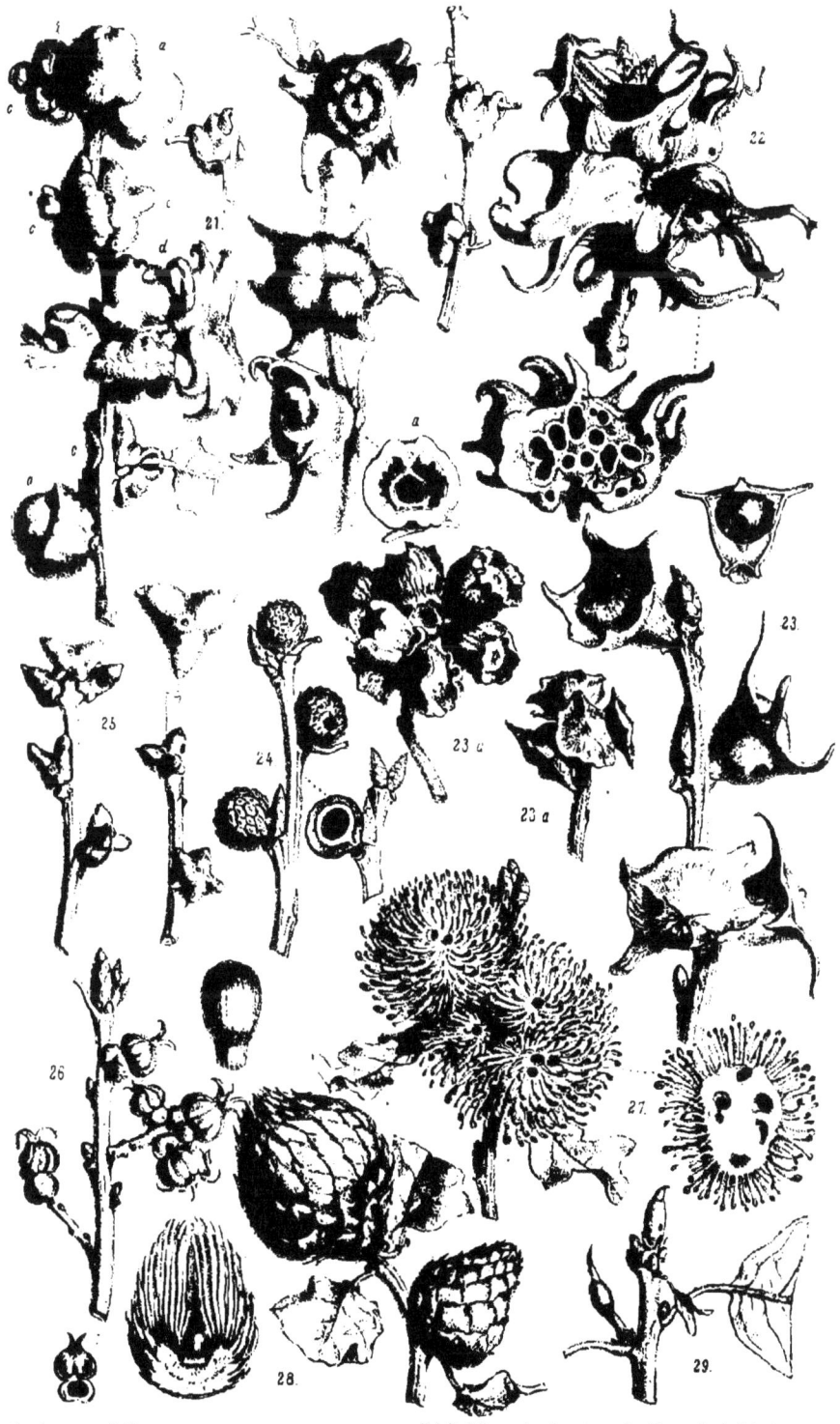

Strohmayer ad Natur. K.k.Hof-Kunstdruckerei von Reiffenstein & Rösch in Wien

IV. Tafel.

30. Galle von *Aphilothrix globuli* in d. Knospe, frei u. vergrössert.
31. „ „ *Aph. autumnalis* in der Knospe und frei.
32. „ „ *Aph. collaris* in der Knospe in natürlicher Grösse und vergrössert, sowie zur Hälfte von den Knospenschuppen befreit.
33. Gallen von *Aph. callidoma.*
34. Galle von *Aph. glandulae* in natürlicher Grösse, vergrössert und im Durchschnitte.
35. Gallen von *Aph. Clementinae* in natürlich. Grösse, vergrössert und im Durchschnitte.
36. „ „ *Synophus politus* und im Durchschnitte.
37. Galle von *Andricus terminalis* und im Durchschnitte.
38. „ „ „ *inflator* „ „ „
38 a. „ „ „ „ *var. axillaris* (!).
39. Gallen von *Andricus circulans.*
40. „ „ „ *burgundus* in natürlicher Grösse und vergrössert.
41. „ „ *Spathegaster Giraudi.*
42. „ „ „ *aprilinus.*
43. „ „ ? *Cynips aries.*
44. Galle von ? *Cynips gemmea* in natürlicher Grösse u. vergrössert
45. „ „ ? *Cynips exclusa* in der Knospe.

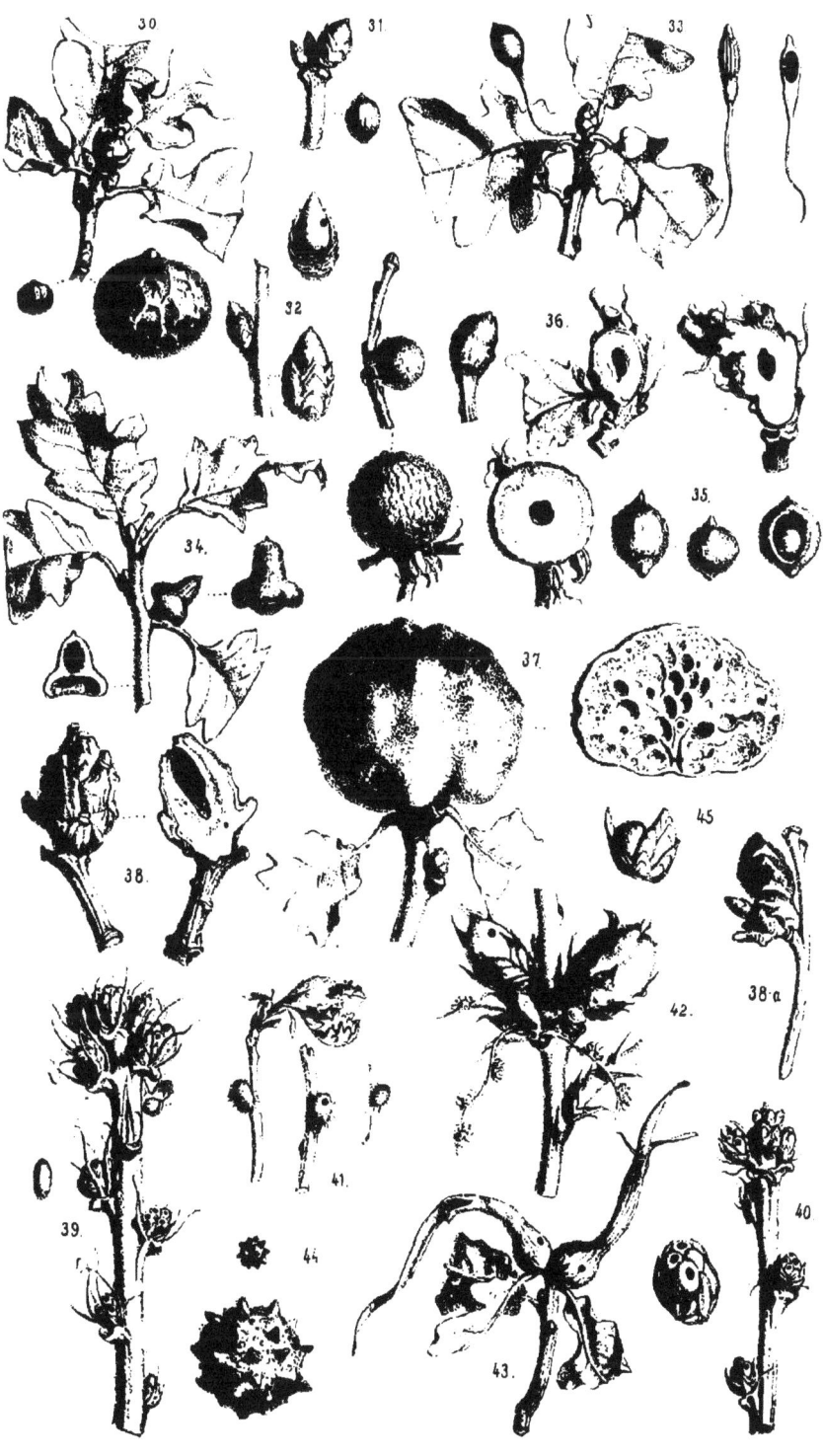

IV.

V. Tafel.

46. Gallen von *Biorhiza renum*.
47. Galle von *Biorhiza synaspis* und im Durchschnitte.
48. „ „ *Dryophanta scutellaris* und im Durchschnitte.
49. Gallen von *Dryophanta folii* und im Durchschnitte.
50. „ „ „ *longiventris*.
51. „ „ „ *divisa* und im Durchschnitte.
52. „ „ „ *agama*.
53. „ „ „ *disticha* und im Durchschnitte.
54. „ „ „ *cornifex* „ „ „
55. „ „ *Andricus urnaeformis* in natürlicher Grösse am Blatte, vergrössert und im Durchschnitte.
56. „ von *Andricus curvator*.
57. „ „ „ *testaceipes*.
58. „ „ „ *multiplicatus*.
59. „ „ „ *cydoniae* und im Durchschnitte.
60. Galle von *Andricus nitidus*.
(61 auf der letzten Tafel.)

Strohmayer ad Natur.   K k Hof-Kunstdruckerei v. Reiffenstein & Rösch in Wien

VI. Tafel.

62. Gallen von *Neuroterus numismatis* in natürl. Grösse u. vergrössert.
63. „ „ „ *lenticularis* in natürl. Grösse (irrigerweise auf ein Zerreichenblatt gezeichnet), vergrössert von oben und von der Seite, sowie im Durchschnitte.
64. „ von *Neuroterus fumipennis*.
65. „ „ „ *laeviusculus* (Schlechtendal'sche Typen) auf dem Blatte, ein Exemplar an der Oberseite eines Blattstückes (Schl. Type), und vergrössert von der Seite (Schenk'sche Type).
66. „ von *Neuroterus lanuginosus* in natürl. Grösse (irrigerweise auf ein Blatt der Steineiche gezeichnet), vergrössert von der Seite und im Durchschnitte.
67. „ „ „ *ostreus*.
68. „ „ „ *saliens*.
69. „ „ „ *minutulus* in natürl. Grösse und vergrössert.
70. „ „ *Spathegaster baccarum* an der Ober- und Unterseite des Blattes.
71. „ „ „ *tricolor*.
72. „ „ „ *albipes*.
73. „ „ „ *verrucosa*.
74. „ „ „ *vesicatrix*.
75. Galle von *Spathegaster nervosa*.
76. Gallen von ? *Cynips marginalis*.
77. „ „ *Cecidomyia cerris* und im Durchschnitte.
78. „ „ „ *circinans* und ein Stück im Horizontal-Durchschnitte.
79. „ „ *Andricus aestivalis*, ferner rechts eine unvollkommen ausgebildete Galle und links ein Stück im verticalen Durchschnitte.
80. „ „ „ *grossulariae* und im Durchschnitte.
81. „ „ „ *ramuli* und zwei mitsammen verwachsene Gallen im Durchschnitte.

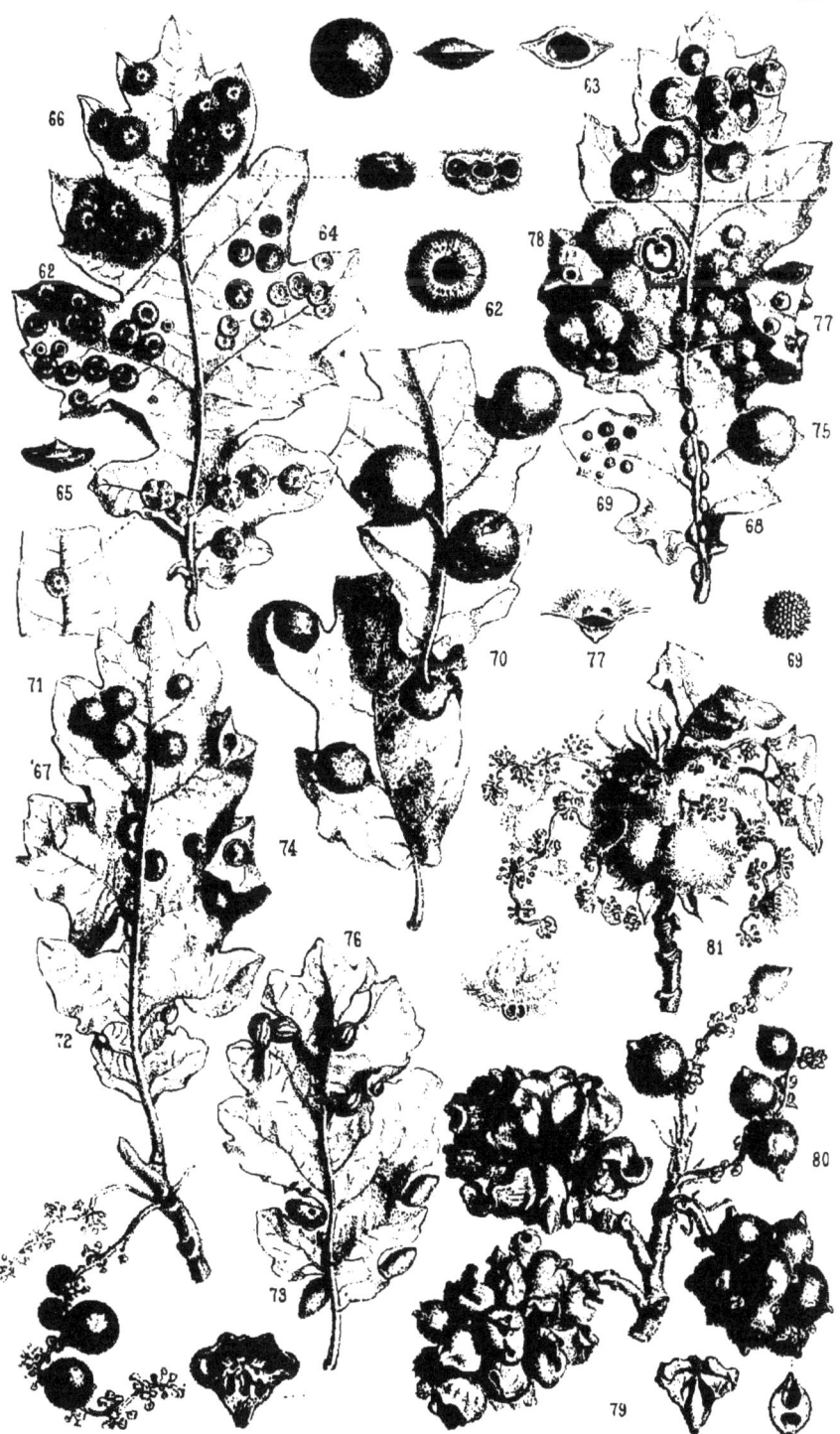

VII. Tafel.

82. Gallen von *Andricus amenti* in natürlicher Grösse und vergrössert.
83. „ „ „ *occultus*, und zwar oben ein verkümmertes Kätzchen, innen mit einer Galle, welche von aussen nicht sichtbar ist, in der Mitte ein Kätzchen mit mässig verkürzter Spindel und unten eines, von welchem vorne die Staubgefässe entfernt sind, so dass man die zwei am Ende der Spindel sitzenden Gallen sieht.
84. (85) Gallen von *Andricus quadrilineatus* und *pedunculi*, und zwar a) von mir gesammelt, ein Stück vergrössert, b) Galle von *A. quadrilineatus*, c) Gallen von *A. flavicornis*, d) Galle von *A. pedunculi*, e) Galle von *A. ambiguus*, f) Gallen von *A. glabriusculus* (b—f Schenksche Typen, vergrössert).
86. Galle von *Andricus verrucosus*.
87. Gallen von *Andricus Schlechtendali* in natürl. Grösse an den Kätzchen und vergrössert.
88. Gallen von ? *Cynips seminationis*, a) von *C. inflorescentiae*.
89. Galle von *Cynips caput medusae* und Becher mit der Innengalle.
90. „ „ *Cynips calicis* und im Durchschnitte.
91. „ „ *Spathegaster glandiformis* und im Durchschnitte.
92. Eicheldurchschnitte mit Gallen von *Andricus glandium*, a) ein Stück Fruchtschale, von innen gesehen, mit der Samenhaut und zwei Gallen.
93. Gallen von ? *Cynips ramicola*.
94. „ „ *Aphilothrix albopunctata* und zwar a) von mir gesammelt, b) Schlechtendal'sche Type, c) Schenck'sche Type.
95. „ „ *Andricus singularis* und im Durchschnitte.
96. Gallen von *Spathegaster Taschenbergi* und vergrössert.
61. „ „ *Andricus crispator*.

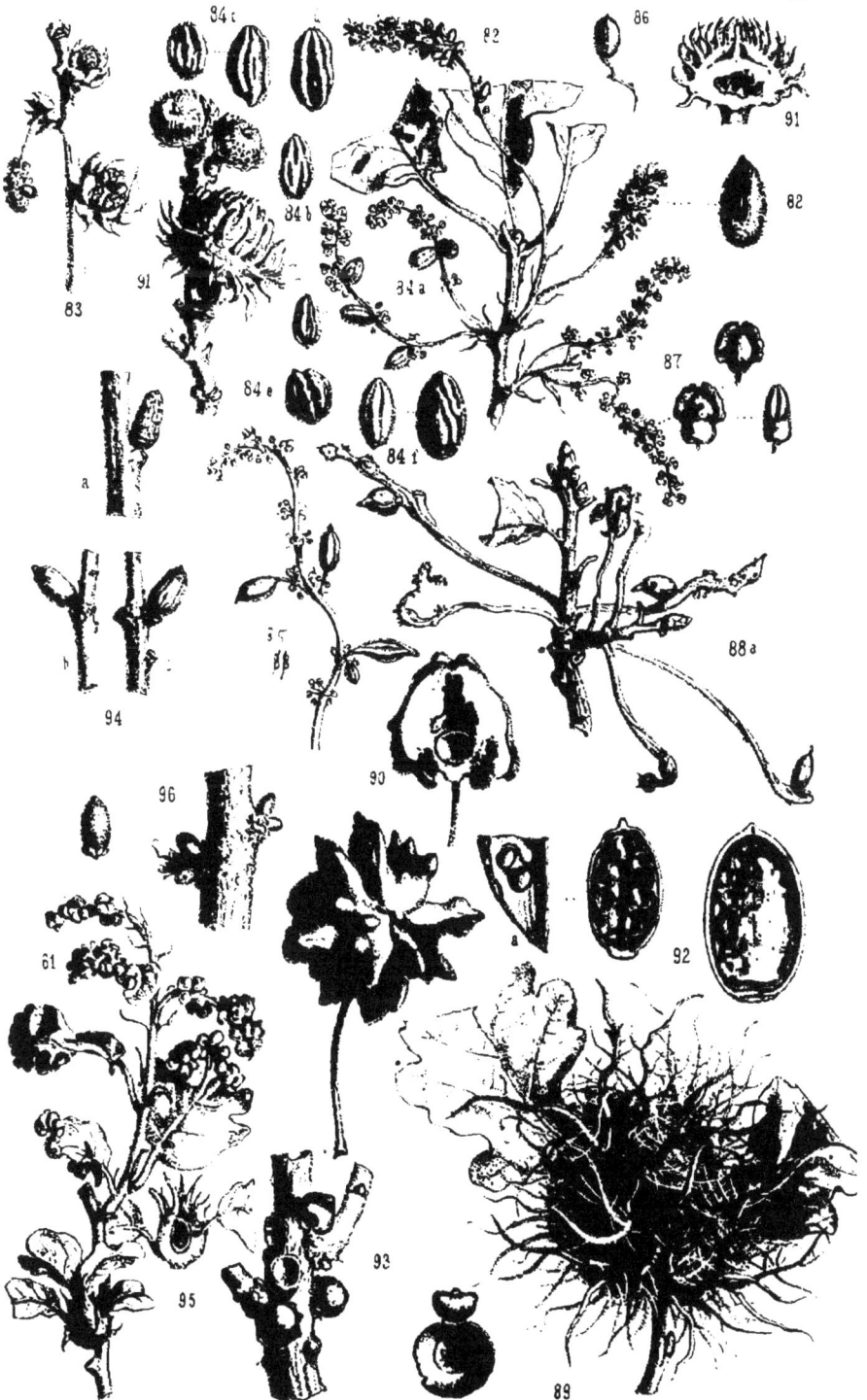

Strohmayer ad Natur

k.k.Hof-Kunstdruckerei v. Reiffenstein & Rösch in Wien.